◎系列教材编委会◎

广州市哲学社会科学“十一五”规划课题研究成果
中等职业教育*酒店服务与管理专业*系列教材

酒店收银实务

JIUDIAN SHOUYIN SHIWU

主编 黄丹

重庆大学出版社

内容提要

本书采用任务驱动的教学方式，增加模拟岗位训练，把酒店行业收银人员必须掌握的操作技能划分成收银技巧项目、餐厅收银技巧项目、总台收银技巧项目，在项目下又分别设置对应的相关任务，务求使学生在工作岗位上能熟练地运用收银技巧，顺利地开展收银工作。

本书对理论性强的知识点采取简易化、通俗化处理，采用大量的图例、流程图、表格等代替冗长的文字叙述，特别增加前置作业、收银实践报告表、酒店使用的记账消费登记表和收银专业英语等，务求表述简明扼要、深入浅出，为授课教师提供完整的教学配套工具，具有较强的适用性和可操作性。

本书作为中职酒店服务与管理专业和旅游服务类专业的学生教材，也可作为酒店收银人员的培训用书。

图书在版编目(CIP)数据

酒店收银实务/黄丹主编. —重庆:重庆大学出版社,2013.8

中等职业教育酒店服务与管理专业项目课程系列教材

ISBN 978-7-5624-7479-1

Ⅰ.①酒… Ⅱ.①黄… Ⅲ.①饭店—商业服务—中等专业学校—教材 Ⅳ.①F719.2

中国版本图书馆 CIP 数据核字(2013)第 132585 号

中等职业教育酒店服务与管理专业项目课程系列教材

酒店收银实务

主 编 黄 丹

责任编辑:孙先芝 版式设计:孙先芝

责任校对:刘雯娜 责任印制:赵 晟

*

重庆大学出版社出版发行

出版人:邓晓益

社址:重庆市沙坪坝区大学城西路 21 号

邮编:401331

电话:(023) 88617190 88617185(中小学)

传真:(023) 88617186 88617166

网址:http://www.cqup.com.cn

邮箱:fxk@cqup.com.cn(营销中心)

全国新华书店经销

自贡兴华印务有限公司印刷

*

开本:720×960 1/16 印张:11.5 字数:207千

2013 年 8 月第 1 版 2013 年 8 月第 1 次印刷

印数:1—3 000

ISBN 978-7-5624-7479-1 定价:22.00 元

【总　序】

广州旅游业的地域优势，给酒店业发展创造了巨大的想象空间。目前国际排名前十位的国际酒店集团已陆续进入广东省，酒店行业形成了国际化的群雄纷争的局面。酒店业的迅速发展，给“酒店服务与管理”专业提出了新的要求，这种新要求不仅仅体现在对于酒店业人才的巨大需求上，更突出体现在对于酒店业人才“质”的要求上。

1. 酒店业的经营导向发生转变

酒店业已从提供基本的服务功能为主的产品导向，发展到以满足不同层次、类型需求为主的市场导向，进而趋向塑造服务品质为主的品质导向的高层次质量竞争，酒店的经营服务发展方向趋向综合性、多元化、多功能，以满足宾客追求更高层次的需求，如希望在酒店文化氛围中得到自尊和满足。以往，酒店企业需要的是“按部就班”完成接待任务的守纪员工，而现在更多的要求是“全才”型员工。

2. 现代科技成果运用于酒店的设备设施和服务方式

酒店行业科技含量正日趋提高，这就要求酒店业人才培养方面，在新课程的构建上突出对于新技术的应用，使学生符合行业科技发展的要求。

3. 酒店接待服务不仅要求规范化，更是个性化服务的竞争

中国饭店“金钥匙”组织的服务理念是要“在客人的惊喜中找到富有的人生”，中职学校酒店服务与管理专业的学生就不仅要掌握规范的专业服务能力，而且还要具备良好的职业道德素养和结合专业的个性化服务，这样才能为宾客提供更加优质的服务。

酒店业发展的国际化竞争，对人才培养提出了更高要求，现有课程的设置与实施，由于注重技能训练而有利于标准化的学习程序，却忽视工作情境的创设，因而满足不了个性化、综合化服务的实践需要。因此，课程建设的方向就是让学生在创设的工作情境中开展以真实服务内容为载体的实践性学习，明确岗位指向，厘清职业标准，使教学与企业实际紧密结合，搭建人才培养与使用的“供应链”。

《旅游商贸类项目课程研究》是广州市哲学社会科学“十一五”规划课题，笔者作为广州市旅游商务职业学校课题主持人，在4个专业开展了深入研

究，其中《酒店服务与管理专业项目课程研究》荣获教育部全国“十一五”规划课题一等奖。该套教材作为课题研究的成果终于和大家见面了。

该套教材的特点是以培养职业能力为目标，通过对酒店服务领域的系统分析，按照酒店服务岗位的工作结构及岗位间的逻辑关系和课程结构作整体的设计，在完成学习与工作任务时达到职业能力的提升。课程内容以服务过程中知识结构关系组织，教师通过服务过程中设计的服务实践任务，有机融合实践与理论知识。由于理论知识的学习是建立在工作任务完成基础上，能够激发学生学习的成功感，提高学习兴趣，在完成工作任务的过程中，需要自主学习，小组合作，共同制订完成任务的方案，讨论任务实施的程序，培养学生合作、探究、研讨的能力，在真实服务任务的学习过程中完成了学生综合职业能力的培养。

该套教材在开发过程中得到了许多酒店行业专家的参与和支持，在此表示深深的谢意。

广州市旅游商务职业学校
付红星
2012年5月

【前　言】

酒店收银包括饭店总台收银、餐厅收银、酒店商场收银、美容美发厅收银、商务中心收银、康乐中心收银等。收银员不但要掌握财务知识,还要具备收银的操作技能。收银岗位是以货币资金为主,但不能等同于出纳岗位,因为它负责“纳”而不负责“出”,可以说是酒店行业特有的工作岗位。目前我国的旅馆业、餐饮业、旅行社发展迅速,每年都需要大量既懂财务又懂收银的专业人员。据统计,他们大部分来自于中等职业学校饭店服务管理专业,财经类、旅游类相关专业的毕业生。财经类的学生除了学过一些基本的会计知识外,大部分没有系统地学习酒店行业的收银知识、酒店餐饮专业软件应用以及酒店收银岗位的技能实训,只是经过短期的岗前培训就匆忙上岗工作。为了提高中等职业教育收银人员的素质,适应企业用人需求,满足中等职业学校人才培养和全面素质教育的需要,增强中等职业学校学生的专业技能,增加就业门路,特编写本教材,提供给中等职业教育饭店管理专业、财经类会计专业、旅游专业教学使用,以及作为酒店财务基层管理人员、商场收银人员岗前培训的教学用书。

本教材主要有以下几个特点:

一、全书体现“以能力为本位,以学生为主体,以实践为导向”的职业教育教学指导思想,注重学生动手能力和综合职业能力的培养。采用任务驱动的教学方式,把不同部门的酒店收银人员必须掌握的操作技能,划分成收银人员必备的技巧项目、营业点(美容美发、汽车出租、商务中心、商场、康乐服务等)收银的基本技巧项目、总台收银项目、餐厅收银项目,根据不同项目下设对应的任务,采取不同的实践训练和教学内容。向学生传授专业理论知识的同时,围绕岗位的需要,突出实践教学,强调项目的任务教学,具有较强的业务实用性。

二、教材以酒店财务人员、前台人员接触的实际操作工作表为依据,让学生模拟结账过程编制各式报表,讲述POS收款机的功能、操作流程、电子收款机与餐厅、客房的信息化处理等工作任务及收银技巧。

三、教材文字表达方面考虑到中等职业学校学生的现状,尽可能地把理论性强的知识点简易化、通俗化，采用流程图、要点式、标注、图例等代替冗长的文字叙述，务求简明精要、深入浅出的表述，以迎合中职学生的学习特点。

四、教材以图文并茂的风格，插入大量形象直观的图片，并增设“想一想”“探究乐”“个案评议”“评析”等内容，帮助初学者抓住重点，又不失趣味性和可读性，吸引学生的注意力，便于在职的酒店财务人员自学使用。

特别鸣谢万迅电脑软件有限公司提供的千里马酒店管理软件、广州市黑马电脑有限公司提供的食为天专业餐饮管理软件3.11前台版、深圳创华合作有限公司(亿利达商业机器制造有限公司)提供的亿利达390CT、39CT收款机、广州广交会威斯汀酒店、广州中油阳光酒店、广州广之旅国际旅行社股份有限公司、广东国际旅行社股份有限公司。尤其感谢广州骏星酒店总经理李洁玲女士，广州白天鹅宾馆副总经理余立富先生、人力资源总监刘斌先生，万豪集团华南区营运总监林志永先生，广州正佳万豪酒店人力资源总监郑小玲女士、助理财务总监周冰莹女士，广州嘉逸豪庭财务部经理张绍登先生，广州白云机场铂尔曼大酒店人事经理卢英姿女士、助理财务总监严玉女士，广州大学(中法)旅游学院张河清博士，广东商学院旅游学院会展系主任袁亚忠博士的大力支持。

由于编者水平有限，书中难免有疏漏之处，敬请读者批评、指正。

广州市旅游商务职业学校

黄　丹

2013年1月

目 录

项目一　人民币现金收付技巧

任务一　认识我国的货币

【学习目标】

酒店服务业的收银员包括饭店总台收银、餐厅收银、酒店商场收银、美容美发厅收银、商务中心收银、康乐中心收银等从业人员。前台接待员、餐厅领班、收银员、康乐中心接待员不仅要掌握财务知识,而且要掌握收银的操作技能,鉴别现钞、认识我国流通货币是基本任务之一,也是酒店财务技能训练的重点。

【前置任务】

①了解新中国成立后发行人民币的种类、券别、面额、流通时间。

②第五套人民币真钞的券面有哪些特征?

【教学条件】

①资料准备:鉴别人民币真钞的实训报告。

②物品准备:每组准备人民币 5 ~8 张、验钞机一台、实训报告各一份、签字笔一支。

③场地准备:饭店财务操作室。

④分组安排:每组 6 ~8 人,按学号坐在相应的验钞机机位上,对应使用验钞机检验人民币。

⑤学生职责:每组设置收银领班一名,负责分发报告、检查机位卫生、操作前后的验钞设备是否正常运行并主持小组进行评议,填写实训报告。组员听从老师的现场指导,鉴别人民币的真伪。

⑥学时安排:3 课时。

【相关知识】

一、新中国成立以来发行的人民币(见表 1.1)

表 1.1 新中国成立以来发行的人民币

版别	券别	图例	流通时间
第一套人民币	1 元		1948.12.1—1955.5.10
	5 元		
	10 元		
	20 元		
	50 元		
	100 元		
	200 元		

续表

版别	券别	图例	流通时间
第一套人民币	500 元		1948.12.1—1955.5.10
	1 000 元		
	5 000 元		
	10 000 元		
	50 000 元		
第二套人民币	1 分		1955 年 3 月 1 日开始发行，到 2007 年 4 月 1 日纸分币停止流通（3 元、酱紫色 5 元及 10 元在 1964 年 5 月 15 日停止流通，角币、1 元、2 元及棕色 5 元在 1998 年 12 月 31 日停止流通），前后历时 52 年。
	2 分		
	5 分		
	1 角		
	2 角		

续表

版别	券别	图例	流通时间
第二套人民币	5角		1955年3月1日开始发行，到2007年4月1日纸分币停止流通（3元、酱紫色5元及10元在1964年5月15日停止流通，角币、1元、2元及棕色5元在1998年12月31日停止流通），前后历时52年。
	1元		
	2元		
	3元		
	5元		
	10元		
第三套人民币	1角	 	第三套人民币1962年4月20日发行枣红色1角纸币起，到2000年7月1日停止流通，前后历时38年。
	2角		
	5角		

续表

版 别	券 别	图 例	流通时间
第三套人民币	1元		第三套人民币1962年4月20日发行枣红色1角纸币起，到2000年7月1日停止流通，前后历时38年。
	2元		
	5元		
	10元		
第四套人民币	1角		1987.4.27至今
	2角		
	5角		
	1元		
	2元		
	5元		

续表

版别	券别	图例	流通时间
第四套人民币	10元		1987.4.27至今
	50元		
	100元		
第五套人民币	1角		1999.10.1至今
	5角		
	1元		
	5元		
	10元		
	20元		

续表

版 别	券 别	图 例	流通时间
第五套人民币	50 元		1999.10.1 至今
	100 元		

二、第五套人民币的防伪特征

1.1999 年发行的第五套人民币的防伪特征

随着第五套人民币的逐渐发行，相应的假币也逐渐出现，且造假技术不低，单凭感觉已难以鉴别。虽然假钞制作得再逼真，毕竟是两种工艺。只要了解真币的防假特征，识别假币并不是一件难事。就目前来说，1999 年版的第五套人民币有以下防伪特征（见图 1.1）。

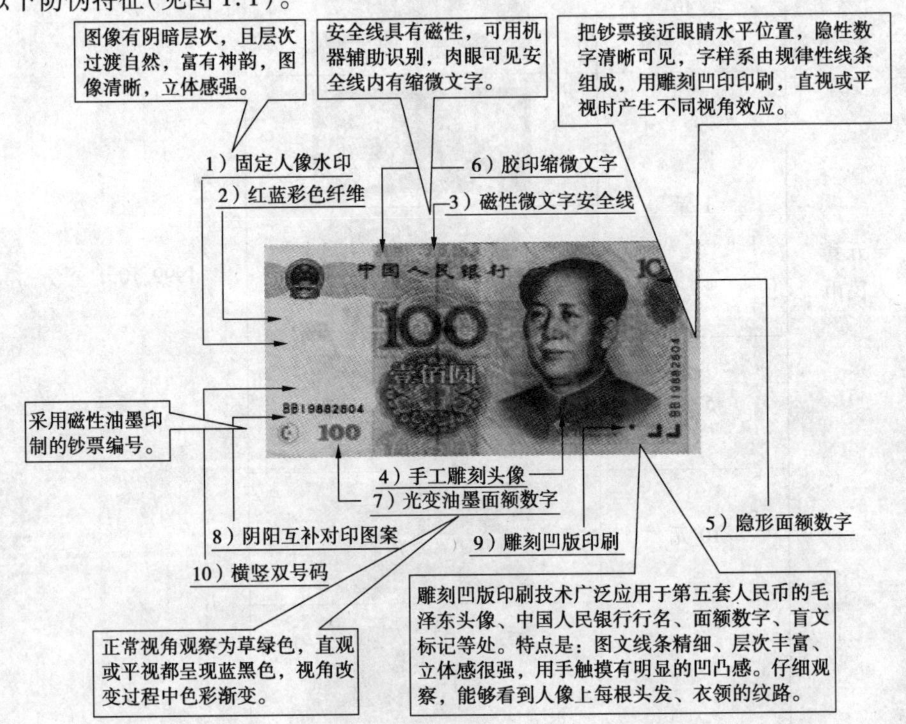

图 1.1　1999 年版第五套人民币的防伪特征

2.2005 年发行的第五套人民币的防伪特征

2005 年版第五套人民币于 2005 年 8 月 31 日发行，共有 100 元、50 元、20 元、10 元、5 元纸币和 1 角硬币六个券别。保持了 1999 年版第五套人民币主图案、主色调、规格不变。2005 年版第五套人民币，既是对现行流通的 1999 年版第五套人民币的继承，又是对 1999 年版第五套人民币的创新和提高。目前，2005 年版(见图 1.2)与 1999 年版第五套人民币同时流通。

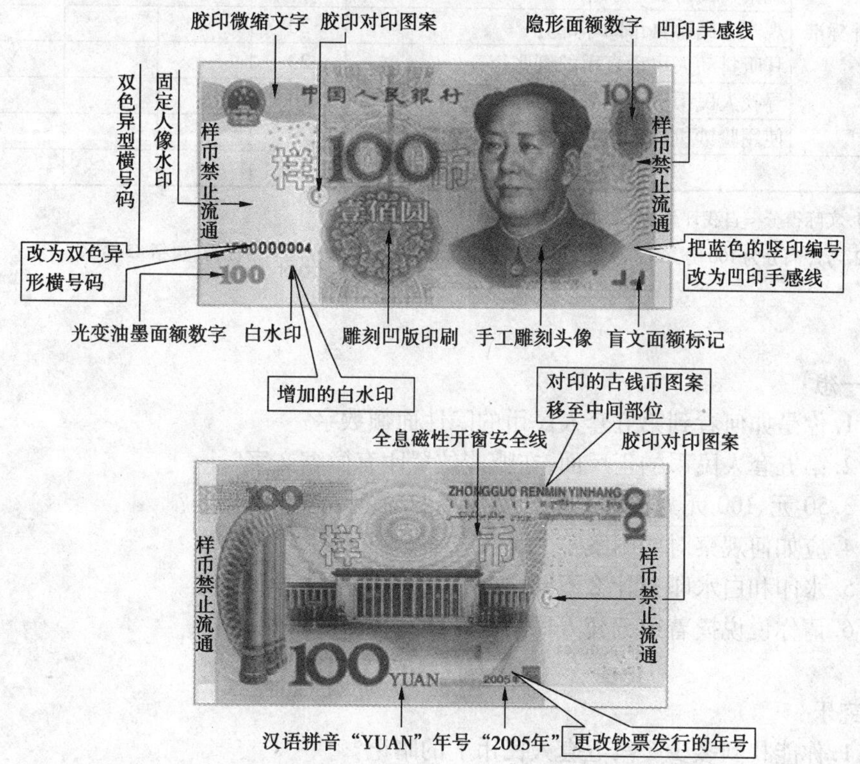

图 1.2　2005 年版第五套人民币的防伪特征

【实践园地】

第五套人民币防伪特征的观察报告见表 1.2。

表 1.2　第五套人民币防伪特征的观察报告评价表

被考评人		班别		学号	
考评地点					
考评内容	观察第五套人民币防伪特征				
考评标准	内　容	分值/分	自我评价/分	小组评议/分	实际得分/分
	观察人民币真币水印	20			
	观察人民币真币凹印部分	20			
	耳听抖动人民币真币的纸张声音	20			
	寻找人民币真币的磁性油墨位置	20			
	使用验钞机的紫光功能检测鉴别人民币真伪	20			
合　计		100			

注：1. 实际得分 = 自我评价 40% + 小组评价 60%。

2. 考评满分为 100 分，60 ~ 74 分为及格；75 ~ 84 分为良好；85 分以上为优秀（包括 85 分）。

【想一想】

1. 你是如何看到第五套人民币的隐性面额数字？

2. 第五套人民币的正反面，在哪些位置印有微缩文字？

3. 50 元、100 元人民币正面光变油墨的颜色是怎样变化的？

4. 应如何观察对印图案？

5. 水印和白水印有什么不同之处？

6. 请你说说摸着第五套人民币的正面图案时的感觉。

【探究乐】

1. 你能找到多少个第五套人民币上的暗记？

2. 这些钞票上的暗记藏在哪些位置上呢？找到一个暗记是高手，找到两个暗记是顶级高手，试试看。

任务二　辨别人民币现钞的真伪

【学习目标】

作为餐厅领班或收银员如何在短时间内辨别人民币现钞的真伪，的确是一门看家本领。如何掌握它的诀窍呢？认清认准真钞与假钞，请完成现金收付的教学

任务。

【前置任务】

①现在市面上出现的假钞有什么特征?

②假钞与真钞的纸质有什么区别?

③真钞用纸是使用什么原料?为什么经水洗后,真钞不会被洗烂?

【教学条件】

①资料准备:鉴别真假钞的实训报告。

②物品准备:每组真假人民币5~8张、验钞机一台、实训报告各一份、签字笔一支。

③场地准备:饭店财务操作室。

④分组安排:每组6~8人,按学号坐在相应的验钞机机位上,对应使用验钞机检验人民币。

⑤实训职责:每组设实训领班一名,负责分发报告、检查机位卫生、操作前后的验钞设备是否正常运行,并主持小组进行评议,填写实训报告。组员听从老师的现场指导,鉴别人民币的真币与假币。

⑥学时安排:3课时。

【相关知识】

一、使用真假钞行骗伎俩大曝光

(1)趁灯光昏暗,光线差,故意使用百元假钞购买几元钱的物品,达到用假钞找零的目的。

警惕指数:★★★★★

(2)有几位假扮顾客的行骗者,装作慷慨大方,同时购买多宗高价的商品,误导店员以为生意兴旺,收银员忙乱中放松对假钞的检验,达到蒙混过关的目的。

警惕指数:★★★★★

(3)结账时,把假钞夹杂在几张真钞中,企图蒙混过关。

警惕指数:★★★★

(4)给一张100元的真钞,让收银员检验后,改说买其他商品,要求收银员退回真钞,再次挑选商品后,把真钞换成假钞,有些收银员以为那张100元钞票是刚才检验过的真钞,疏于再次检验,导致收到假钞。

警惕指数:★★★★

(5)几个同伙一起到同一个柜台同时购物,递上真钞购买几元钱的商品。接着,叫嚷着货品质量不好,要退货,然后对营业员说:“我把货退给你,你把钱还给我。”这时,营业员或收银员忙于应付收钱,把货品取回后,把整张一百元退给客人,经常忘了取回刚才所找的零钱,导致上当受骗。

警惕指数:★★★★★

二、假币的种类及其特征

假人民币指仿照真人民币纸张、图案、水印、安全线等原样,利用各种技术手段非法制作的假币,通称假币。在2000—2004年我国收缴的假币合计42.42亿元(见图1.3)。从我国各地发现的假人民币看,大致可分为假造币和变造币。

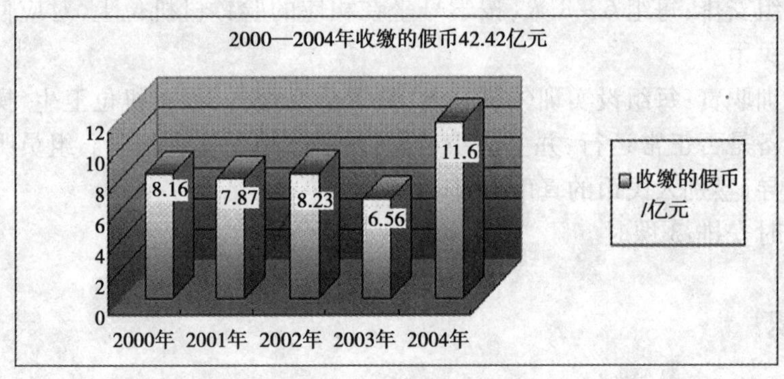

图1.3　2000—2004年收缴的假币统计图

1.假币的种类

(1)手工描绘或手工刻版印刷的假币:这是一种手段落后、质量低劣的假币,是用手工雕刻塑料、木头制版进行印刷,制造出来的假币质量非常低劣。这种假币全国各地都有,发案很普遍,具体每一种来说数量并不是很多。它的特点是假造手段落后,制版的材料很低劣,纸张也是市场上常见的书写纸和普通的胶版纸;颜料也是市场出售的绘画颜料,因而造出来的假币质量很差,比较容易识别。

(2)利用一般办公工具制造的假币:这类假币最常见的就是利用黑白或彩色复印机复印的,其主要特征是线条一般不光洁整齐。特别是用放大镜观察会发现有毛边,而且空白的位置有少量的墨粉。一些高质量的复印机,复印出来的假品上了颜色后与真品比较相似,具有一定的欺骗性。但是只要仔细进行鉴

定还是容易发现的。因为这类假币总的说来还是粗糙的，与真币的主要特征区别是明显的。因为复印机的印刷过程及所用的墨粉与印钞厂所运用的印刷机的油墨是完全不相同的，所以所复制出来的产品的差别也是明显的。因为复印机是利用静电原理通过感光后将墨粉拷印在一定位置上，与印刷不同。其次，由于复印机采用的是固体粉墨通过烘烤融化形成的，线条不很光洁整齐。而印刷出来的线条很光洁整齐，颜色很均匀。即使复印的质量较高，肉眼看到线条比较清楚，但在空白处也能观察出有少量的墨粉。掌握这些特点后，就能比较准确地识别复印的假币。

(3)使用小型的印刷设备制造的假币：这类假币主要通过照相制版，采用凸版印刷的方法，其质量比较精制，较之手工描绘具有更大的欺骗性。但由于其设备比较落后，印刷制版的条件和所采用的原材料都受到一定的限制，较之真币还是很低劣的。但是目前我国的印刷行业发展很快，特别是一些乡镇企业小型印刷厂也参与印刷假币。这类印刷厂印刷的假币欺骗性就大一点。

(4)机制假币：所谓机制假币，就是利用现代化的制版印刷设备假造的货币。近几年连续发现了几起较大的假币案，对社会的危害很大。这类假币主要从香港、台湾地区流入，比较逼真，版别也较多，只要我们掌握了差别就不难识别这类假币。如这类假币的"水印"大多是印上去的，不用透光就可看见；其纸张在紫光灯下会发出荧光，线条多为网点结构。1983 年在广东发现了从香港流入的胶版十元券假币，1987 年 8 月在深圳发现了香港版的一百元券假币，1991 年 3 月在北京地区发现了胶版一百元券假币。

(5)利用化学药品复印的假币：通常称它为拓印币。其特征是油墨少而淡；图案显得清秀，像是水洗过似的，对常人具有一定的欺骗性。

2. 变造币

变造币是指在真币基础上或以真币为基本材料，通过挖补、剪接、涂改、揭层等办法加工处理，使原来的票币改变面额、形态，以此实现升值的假货币。其主要特征是票面不完整。如拼凑券是多条拼成的，揭页券无正面或无背面，挖补券券别数字和文字被变造。

三、鉴别人民币真假的方法

鉴别人民币现钞的真假必须在熟悉真币的特征和主要防假技术的前提下进行。其鉴别方法主要有以下几种：

1. 人工徒手鉴别法

人工徒手鉴别伪造、变造人民币是最基本的检验方法。它要求收银人员在办理现金收、付、兑换、整点的过程中,通过眼看、手摸等手段将可疑币剔出,并与真币对比,从而判别真伪。鉴别假钞的基本方法,归纳起来是:看、摸、听、比。

(1)眼看法:看钞票的水印是否清晰,有无层次和有无浮雕的效果,看有无安全线;看多色接线图纹的颜色相接处是否过渡平稳,有无搭接的痕迹;看凹印部分图案是否均由点线构成。真币的花纹、线条粗细均匀,图案清晰,色彩鲜艳,颜色协调,层次分明等。

(2)手摸法:主要是触摸票面上凹印部位的线条是否有凹凸感,纸质厚薄及挺括程度。真币纸张坚挺,厚薄适中,在特定部位有凹凸感;而假币一般纸质薄,挺括程度差,表面光滑无凹凸感。

(3)耳听法:钞票纸张是特殊的纸张,挺括耐折,用手抖动会发出清脆的声音。而假币由于制造设备落后,印刷的光洁度、挺括度都不如真币好,因此声音比较沉闷。

(4)比较法:当用眼看、手摸、耳听等手段发现了可疑票币后,仍不能准确加以确定其真伪的,需要用真币与可疑票币进行仔细校对识别,必要时可以借助放大镜、显微镜等仪器来判明真假。

(5)观察法:

①水印识别:人民币水印是在造纸中采用特殊工艺而形成的暗记。真币水印的特点是层次分明、立体感强,透光观察清晰。而假币特点是水印模糊,无立体感,变形较大,假币多是用浅色油墨加印在纸张正、背面,不需迎光透视就能看到。

②凹印技术识别:真币的技术特点是图像层次清晰,色泽鲜艳、浓郁,立体感强,触摸有凹凸感,如 1 元、5 元、10 元券人民币在人物、字体、国徽、盲文点处都采用了这一技术。而假币图案平淡,手感光滑,花纹图案较模糊,并由网点组成。

③荧光识别:1990 年版 100 元、50 元券人民币分别在正面主图景两侧印有在紫外光下显示纸币面额阿拉伯数字“100”或“50”和汉语拼音“YI BAI”或“WU SHI”的金黄色荧光反应,但整版纸张无任何反应。而假币一般没有荧光暗记,个别的虽有荧光暗记,但与真币比较,颜色有较大差异,并且纸张会有较明亮的蓝白荧光反应。

④安全线识别:真币的安全线是立体实物与钞纸融为一体,有凸起的手感。假币一般是印上或画上的颜色,如加入立体实物,会出现与票面皱褶分离的现象。

2. 使用验钞机鉴别法

使用验钞机鉴别法是运用仪器来鉴别伪造人民币的方法。目前鉴别伪造币的仪器可分为普及型和专用型两种。专用型鉴别仪器价格昂贵，操作复杂，是专门机构用来分析伪造人民币的制假手段的专用设备，一般单位不宜配置。这里主要介绍三种普及型点验钞机(见图1.4)。

图1.4 点验钞机

(1)普通验钞机：带有磁性触头、紫光灯、日光灯，分别可以检验钞票的磁性、荧光反应、水印。磁性触头主要是检测钞票特定部位有无磁感应。将钞票在磁性触头上擦拭，真币有磁性油墨，磁鉴灯会发亮；假币无磁性油墨，没有反应。

(2)防伪点钞机：目前较通行的是综合使用光谱、红外线、荧光和磁性油墨等辨假措施的防伪点钞机。

(3)人民币自动验钞机：这是一种比较先进的人民币鉴别机具，一般采用了CPU控制及数码识别技术，由微电脑存储各种版本人民币及假币参数，对钞票的安全线、水印、尺寸、纸质、磁性油墨及荧光特性等进行多重鉴别真伪，具有验钞速度较快、准确率较高、使用方便、体积小等特点。

3. 用笔拓和尺量辨别真假

(1)笔拓：用薄纸和软铅笔拓水印轮廓。

(2)尺量：用尺衡量钞票规格尺寸。如第四套人民币：100元券规格：165毫米×77毫米、50元券规格：160毫米×77毫米；第五套人民币：100元券规格：155毫米×77毫米。但钞票经水泡晾干后，有缩水现象。

四、假币的处理

对持有或发现的假人民币如何处理，以及关于人民币的没收、收缴、鉴定等问题，应依据《中华人民共和国人民币管理条例》(以下简称《条例》)中的规定进行处理。

1. 持有和发现假人民币如何处理

《条例》第三十二条规定，单位和个人持有伪造、变造人民币的，应当及时上交中国人民银行、公安机关或者办理人民币存取款业务的金融机构；发现他人持有伪造、变造的人民币的，应当立即向公安机关报告。

2. 哪些部门有权没收和收缴假人民币

《条例》第三十三条规定，中国人民银行、公安机关发现伪造、变造的人民币，应当予以没收，加盖“假币”字样的戳记，并登记造册；持有人对公安机关没收的人民币的真伪有异议的，可以向中国人民银行申请鉴定。

《条例》第三十四条规定，办理人民币存取款业务的金融机构，发现伪造、变造的人民币，数量较多，有新版的伪造人民币或者有其他制造贩卖伪造、变造的人民币线索的，应当立即报告公安机关；数量较少的，由该金融机构两名以上工作人员当面予以收缴，加盖“假币”字样的戳记，登记造册，向持有人出具中国人民银行统一印制的收缴凭证，并告知持有人可以向中国人民银行或者向中国人民银行授权的国有独资商业银行的业务机构申请鉴定。

3. 哪些单位有权鉴定人民币真伪

《条例》第三十三、三十四条规定，中国人民银行及中国人民银行授权的国有独资商业银行的业务机构有权鉴定人民币真伪。另外，《条例》第三十五条第一款还规定，中国人民银行和中国人民银行授权的国有独资商业银行的业务机构应当无偿提供鉴定人民币真伪的服务。

五、兑换残钞

根据《中华人民共和国中国人民银行法》和《中华人民共和国人民币管理条例》，中国人民银行制定了《中国人民银行残缺污损人民币兑换办法》，经 2003 年 12 月 15 日第 20 次行长办公会议通过并公布，自 2004 年 2 月 1 日起施行。

1. 残损人民币的挑剔标准

残缺、污损人民币是指票面撕裂、缺损，或因自然磨损、侵蚀，外观、质地受损，颜色变化，图案不清晰，防伪特征受损，不宜再继续流通使用的人民币。

(1)票面缺少一块，损及行名、花边、字头、号码、国徽之一者。

(2)裂口超过票面三分之一或票面裂口损及花边图案者。

(3)纸质较旧，四周或中间有裂缝或票面断开又粘补者。

(4)票面由于油浸、墨渍造成脏污的面积较大或涂写字迹过多，妨碍票面清洁者。

(5)票面变色严重，影响图案清晰者。

(6)硬币破缺、穿孔、变形及磨损，氧化腐蚀损坏部分花纹者，不适宜继续流通使用。

2. 残损人民币的兑换规定

残损人民币的持币人可向商业银行申请兑换。银行应按照《中国人民银行残缺人民币兑换办法》及《残缺人民币兑换办法内部掌握说明》办理兑换，具体规定如下：

(1)凡办理人民币存取款业务的金融机构(以下简称金融机构)应无偿为公众兑换残缺、污损人民币，不得拒绝兑换。

(2)残缺、污损人民币兑换分“全额”“半额”两种情况。

①能辨别面额，票面剩余四分之三(含四分之三)以上，其图案、文字能按原样连接的残缺、污损人民币，金融机构应向持有人按原面额全额兑换。

②能辨别面额，票面剩余二分之一(含二分之一)至四分之三以下，其图案、文字能按原样连接的残缺、污损人民币，金融机构应向持有人按原面额的一半兑换。

纸币呈正十字形缺少四分之一的，按原面额的一半兑换。

(3)金融机构在办理残缺、污损人民币兑换业务时，应向残缺、污损人民币持有人说明认定的兑换结果。不予兑换的残缺、污损人民币，应退回原持有人。

(4)残缺、污损人民币持有人同意金融机构认定结果的，对兑换的残缺、污损人民币纸币，金融机构应当面将带有本行行名的“全额”或“半额”戳记加盖在票面上；对兑换的残缺、污损人民币硬币，金融机构应当面使用专用袋密封保管，并在袋外封签上加盖“兑换”戳记。

(5)残缺、污损人民币持有人对金融机构认定的兑换结果有异议的，经持有人要求，金融机构应出具认定证明并退回该残缺、污损人民币。

持有人可凭认定证明到中国人民银行分支机构申请鉴定，中国人民银行应自申请日起5个工作日内做出鉴定并出具鉴定书。持有人可持中国人民银行的鉴定书及可兑换的残缺、污损人民币到金融机构进行兑换。

(6)金融机构应按照中国人民银行的有关规定，将兑换的残缺、污损人民币交存当地中国人民银行分支机构。

(7)中国人民银行依照本办法对残缺、污损人民币的兑换工作实施监督管理。

(8)兑换残损人民币，开户单位可到自己开户银行办理，个人可就近到办理人民币存取款业务的金融机构办理。

【实践园地】

鉴别人民币的评价见表1.3。

表1.3　鉴别人民币技能评价表

被考评人		班别		学号	
考评地点					
考评内容	鉴别人民币技能				
考评标准	内　容	分值/分	自我评价/分	小组评议/分	实际得分/分
	观察人民币真币水印	20			
	触摸人民币真币凹印部分	20			
	观察人民币真币的图案油墨的印刷	20			
	使用验钞机的磁鉴功能检测鉴别人民币真币正反面的图案	20			
	使用验钞机的紫光功能检测鉴别人民币真币与假币的不同之处	20			
合　计		100			

注:1. 实际得分＝自我评价40%＋小组评价60%。

2. 考评满分为100分,60～74分为及格;75～84分为良好;85分以上为优秀(包括85分)。

【想一想】

1. 哪些单位有权鉴定人民币真伪并对假币予以收缴?

2. 在不知情的情况下收到假钞,你应该怎么办?

【探究乐】

1. 你能在10秒钟内鉴别一张钞票的真伪吗?如果行,你就是最棒的验钞高手,试试看。

2. 有没有见过假的硬币呢?如果看过,它们有什么特征?与真的硬币有哪些不同之处?

【资料库】

警惕“拼凑券”

近来市场上陆续发现用“拼凑券”拼凑的大额假币。不法分子将100元券或50元券的假币，每张剪成4份，再将真的100元券或50元券人民币每张剪下1/4，并将假的1/4补到真的人民币上。

这种拼凑的“拼凑券”图案清晰，因大部分是真的，手感、肉眼都不易发现，有时候连假币识别器也不易辨别。因为人们在点钞时往往都是从两头点起，而这种拼凑的“拼凑券”，其假的一段多藏在中间不易发觉的地方。因此极易被忽视。业内人士总结了几条辨别这类“拼凑券”的经验，现介绍如下：

1. 在清点大额人民币时，一定要单指单张清点，清点时要注意观察整张人民币的式样。

2. 注意观察整张人民币的颜色，一般来说，有假币拼入的“拼凑券”，往往号码、图案粘接处有些异样。

3. 凡是用透明不干胶粘贴的人民币要特别注意，这是“拼凑券”的常用手段。

4. 拼凑的“拼凑券”在验钞机上往往是其中一段发亮，有些异样。

【个案评议】

广东省河源市警方通报，该市公安机关日前成功捣毁了一个位于河源市源城区的制假币窝点，现场缴获面值1.055亿元的假币。

据河源市警方通报，该市公安人员根据广东省公安厅提供的线索，于2006年10月21日凌晨在源城区河紫路旁的一间废旧塑料加工厂当场抓获数名犯罪嫌疑人，并缴获印刷机、切纸机、晒版机等印刷假币的机械设备一套，制假币的胶片5张，假人民币半成品以及制假材料一批。经清点，这批假人民币全部为100元面额，面值达1.055亿元。

与此同时，另一个行动组在犯罪嫌疑人连某入住的酒店查获了印制假人民币的胶片两套26张，并抓获了驾车逃离现场的团伙成员李某。至此，制假币8名团伙成员全部落网。（资料来源：新华网广州2006年11月27日）

【评析】

伪钞集团疯狂作案，提醒我们，假钞可能在日常生活和工作中会随时出现。鉴别人民币的真假是收银从业人员的基本功之一，要练出一双慧眼识别伪钞，就要了解人民币的基本知识、防伪特征、人民币的历史等，对真钞有深入的了解后，才能比较容易辨认出假钞。

项目二　外币现金结账技巧

任务一　鉴别我国境内可兑换的外币

【学习目标】

随着全球经济的发展,酒店行业员工接触外国客人的机会越来越多,为做好外币结账的工作,学生必须掌握以下技能:

①认识我国境内可兑换的外币。

②掌握鉴别外币假钞的基本方法。

【前置任务】

①你认识哪些国家的货币?这些外币有什么特征?

②你见过最大面额的外币是哪国货币?该货币与人民币的汇率是多少?

【教学条件】

①资料准备:鉴别我国境内可兑换的外币的实训报告。

②物品准备:每组准备验钞机一台、实训报告各一份、签字笔一支,英镑、美元、欧元、加元、泰铢等外币。

③场地准备:饭店财务操作室。

④分组安排:每组6~8人,按学号坐在相应的验钞机机位上,对应使用验钞机检验外币。

⑤实训职责:每组设实训领班一名,负责分发报告、检查机位卫生、操作前后的验钞设备是否正常运行,并主持小组进行评议,填写实训报告。组员听从老师的现场指导,使用验钞机检验外币,总结外币的印刷特征。

⑥学时安排:2课时。

【相关知识】

一、外币兑换业务的有关概念

1. 外币现钞的含义

现钞是一个国家法定的货币,它是由银行发行的、经国家政府和法律确认的

纸币和铸币(通常指的是硬币)。外币现钞即指我国境外国家(或地区)银行依法发行的现钞。本章外币兑换只讲纸币,因为兑换业务一般都是外币纸币,并且铸币较难辨认,客人也不便携带。

2. 外币兑换业务的含义

我国《外汇管理条例》规定,在我国境内,禁止外币流通,并不得以外币计价结算;外宾(包括港、澳、台同胞)在境内消费,可将所携带外币(如港币)到外币兑换点兑换成人民币,方可支付各种账款。这种将他国货币按一定比率兑换成我国货币的过程,即外币兑换业务。

3. 外币兑换汇率的含义

汇率就是两种不同货币之间的比价。通俗的说,汇率是一国货币单位兑换他国货币单位的比率,也可以说是用一国货币表示的另一国货币的价格。汇率通常是一个浮动的比率。汇率通常有两种标价法:直接标价法和间接标价法。

直接标价法(亦称“应付标价法”),是指以一定单位(1 个或 100,10 000 个单位)的外国货币作为标准,折成若干单位的本国货币来表示汇率。如人民币汇率采用直接标价法。中国人民银行发布的人民币对美元、欧元、日元、港币的汇率以单位外国货币为标准,折成若干单位的人民币(见表 2.1)。

表 2.1　2013 年 1 月 1 日人民币汇率折算价

外币金额	外　币	中国银行折算价(人民币)
100	美元	628.55
100	欧元	831.76
100	日元	7.256 5
100	港元	81.08
100	英镑	1 016.11

注:如第一行中,表示 100 美元可以兑换成 628.55 元人民币。

在直接标价法下,汇率越高,就表示单位外币所能换取的本国货币越多,说明本国货币的币值越低。

4. 我国境内常见的外币的种类(见表 2.2)

表 2.2 我国境内常见的外币

(2013 年 1 月 1 日)

外币名称	外币图片	参考的外币汇率 外币:人民币
欧元 EUR €		1:8.317 6
英镑 GBP Stg£		1:10.161 1
瑞士法郎 CHF SFr		1:6.821 9
美元 USD US $		1:6.285 5
加拿大元 CAD CAN $		1:6.318 4
澳大利亚元 AUD A $		1:6.536 3
新西兰元 NZ $		1:5.129 8
日元 JPY J ¥		13.69:1

续表

外币名称	外币图片	参考的外币汇率 外币:人民币
韩元 KRW W.		170.415 8:1
泰铢 THB Tc.		4.906 8:1
越南盾 VND D.		3 346:1
马来西亚林吉特 MYC M $		1:2.159 6
新加坡币 SGD S $		1:5.095 4
菲律宾比索 PHP Phil. P		6.596 3:1

5. 港、澳、台地区的货币(见表 2.3)

表 2.3　港、澳、台地区的货币

2013 年 1 月 1 日

地区货币	票样图片	参考汇率地区 货币:人民币
港币 HKD HK $		1.233 3:1

续表

地区货币	票样图片	参考汇率地区货币：人民币
澳门元 MOP P.		1.281 4:1
新台币 NT.		4.650 5:1

二、辨认外币的防伪特征

钞票是一种综合性的印制技术，所涉及的专业范围很广，而钞票防假技术又是多方面的。世界各国都力求以最新、最完善、最可靠的印制技术用于钞票上，作为防假的手段。更多地了解掌握有关国家钞票的印制特点和印刷质量及有关背景资料，以成为我们辨认真假外币的主要依据。

1. 纸张特征

纸张是钞票印制技术的载体，钞票的制作质量水平都集中反映在一张钞票纸上。钞纸本身就具有防假技术，所以各国钞票纸张，一般都是专门制造。造纸原料大都采用纤维较长的棉、麻等植物作纸浆，这样造出来的纸张光洁坚韧，挺度好，耐磨性强，经过长时间流通纤维不松散、不发毛、不断裂。有的钞纸带有网纹，有的纸面采用塑料性涂料或压光等。在造纸过程中，还加入各种保密成分，以防伪造。

2. 水印

水印是在造纸过程中形成的。造纸时在铜丝网上雕刻人像或各种图案、花饰，当纸浆经铜网抄纸时，按铜网不同深浅程度，趁纸浆湿润未定型时造成纸张薄厚、密度不同，经加压使纸张表面平整，即形成各种人像或其他图案称之为水印。水印在钞纸上的位置不尽相同，可分为固定位置水印、半固定位置水印，即做在钞票纸上的某一部位，呈连续的水印；还有不固定位置的水印，即整张钞票纸都有水印图案。在工艺上以固定人像水印技术难度最高。这些水印迎光透视，清晰可见，人物形象生动逼真，立体感强。钞票的水印线纹具有丰富的黑白层次，又放在高精度的位置，具有很强的防伪效果。

3. 纤维丝和彩色小圆点

纤维丝和彩色小圆点是造纸时在纸浆内掺入彩色纤维丝、无色荧光纤维、小圆片。也有在纸张未定型前将纤维丝撒在纸面上，而构成带有纤维丝和彩色特点的纸张。有色纤维有多种，直观钞券可识别，也有人称作红绿丝。无色荧光纤维可呈现黄、红、蓝等多种荧光。彩色纤维丝反映在各种钞票纸张上的粗细长短各不同，有的能用肉眼看见，有的需要借助放大镜，有的同一根纤维丝，正背面都能看到它(如港元)。

4. 安全线

安全线是在抄纸时放入纸内的，同水印、纤维丝、彩点一样都是钞纸结构的组成部分。最早是用金属线，现在材质种类多种多样。

(1)不透明塑料线。是一种不透明灰白色的塑料薄膜，当把钞票平放的时候，很难看到这种线，当迎光看时就可清晰地看到一条暗色线。

(2)多色荧光线。在日光下看不见，在紫外光下就可看出明亮的蓝白线。

(3)缩微文字安全线。把微小的字母印在安全线上，当迎光看时可清楚地认出字母。

(4)开窗式安全线。这种安全线一段埋置在纸内，一段露出纸面，这需要很高的造纸技术，伪造是非常困难的，伪钞的安全线很容易抽出。英镑和我国第五套人民币第二版就采用了这种安全线。

5. 制版技术

制版技术也是印钞技术中防假的一个重要方面。钞票上的人物、风景和各种图案等主要是用版纹的点、线组合表现出来的，它能够反映出发行国家的艺术风格。制版过程中精湛的技艺和工艺水平本身就有很强的防假功能。目前主要有以下制版方法：

(1)手工雕刻。雕刻师用手工雕刻出高水平的人像、图景，具有难以模仿的防假能力。如英镑、前西德马克等。在人像、图景的雕刻技术上，刻制精细，深浅粗细富于变化，层次感强，形象逼真，生动传神。如同著名画家、书法家一样，著名的雕刻师有自己独特的雕刻风格，别人难以模仿。

(2)机器雕刻，目前已发展到电子雕刻。这种雕刻一般用于几何图案、花边、文饰、面值数字和文字等，它的特点是样式新颖、花纹线条复杂多变，不易仿造。目前机械雕刻技术的新方法有：

①折光法。用横线、竖线交叉和点线结合构成的花纹，里边隐藏着遮光字体等。当视线与纸面成90°角时，看不出里面的文字；如果将钞票提放到与眼睛平视的角度，就能看到隐蔽的字母或阿拉伯数字。如新加坡币。

②隐像法。运用机雕线条深浅多变性，雕刻出图像、图景。初看是一种图案，细看可看到隐藏的另一种或多种图案。如瑞士500法郎背面图景。

6. 印刷方法

印刷技术的优劣，在防假方面起着极其重要的作用。综合各国印制钞票的技术，一般有以下几种方法：

(1)凹版印刷。用雕刻的某种金属凹版来印刷钞票的主要部位，如人像和主景。凹版印刷的部位用手摸会感到油墨凸起，线条清晰，层次分明。凹版印刷又分为深版纹和浅版纹，深版纹原版雕刻的凹度深，浅版纹原版雕刻的凹度浅一些，所以油墨凸起的程度也就不同。

(2)凸版印刷。刻出的版纹和通常使用的印章一样印刷时，版面和纸张直接接触，使纸面受压，反面有凸起的痕迹。使用这种印刷方法可以在不同部位用不同颜色的油墨印刷。

(3)平版印刷，通常称之为胶印。使用这种方法印出的线纹平整，所以多用于印刷大版的图案。亦可用隔色法同时以两种以上的颜色付印，使得一个完整的图案的某一部分用一种颜色，另一部分用其他颜色反映出来的隔色印刷形式。而隔色之间的每根线条又都衔接，但交界处互相覆盖渗透，颜色变化自然。这种方法多用于底纹的印刷。

(4)胶版迭印。这是一种比较先进的印刷技术，即用几种颜色油墨在一次套印的基础上，再用几种颜色迭印，这样就形成了多种颜色。这种印刷一般用在小方块的装饰图案上。比如原来一个小方块上印的是蓝花，再迭印上红色，就变成紫红色了。如果几种颜色的小方块再经过迭印，看上去五彩缤纷、鲜艳夺目。这种迭印的技术要有较高的精确度。

(5)双面对印。在印制钞票时，正背面对印规矩精确，这也是比较高的印刷技术。这种方法目前仅限于胶版、凸版印刷上。有三种类型：

①钞票正面部分有色边线或四周边线与背面相同位置的边线相吻合。

②在底线中某一部位对准，比如印有小圆形、三角形或其他形状的图案，透视之两面对准。

③人像对印工艺复杂，技术要求更高。

7. 花纹接线

这是底纹印刷的一种新工艺。一种是全版(上下左右)印刷到边，如果将两头边际对接，印有彩色的花纹或其他形状的图案，完全可以对线。有的精确度很高，比如香港汇丰银行1 000元钞票。另一种是在钞票四边印有一种切边标记，将这些标记向正面方向对折，线纹图案能够对上，形成完整形状图案。

8. 油墨质量

油墨是制版技术和印刷方法的主要媒介，用油墨颜色把它们的技术和质量反映出来。油墨质量如何，一方面是油墨本身能否在正常情况下反映出鲜艳色泽和

经久耐用;另一方面是它本身具有的防伪能力。因为它在钞票中占有很重要的位置和起着重要作用,所以各国钞票使用的油墨,都是由专门研究机构在保密情况下调制的,油墨配方在世界各国都属于机密。

大多数国家钞票的墨色鲜亮而不浓,图案线条细、墨层薄,油墨和纸张的亲合性好,油墨色调配合上比较协调。为了防假,有些钞票使用的油墨还加进特殊复合材料,比如加进含有磁性介质材料,成为磁性油墨(如美元正面凹印部位的黑色油墨就是磁性油墨);加进含有放射性元素的荧光粉,成为荧光油墨(如港币上局部就采用了荧光油墨)。当然,区别这些物质用人们的视觉或触觉是无法辨认的,必须借助于检测仪来辨认。为了防止用彩色复印机复印制造伪钞,在印钞上使用一种特殊油墨,这种油墨对彩色复印机上的灯光反应是:当复印时它会产生其他颜色,因此改变印刷出来的色调,使之与原来的色调完全不同。如日元新钞就使用这种油墨。

上述八个方面是综合各国钞票的一般印制特点。具体到每个国家的钞票都有其自己的特点。二者结合起来,特别是要认识各国钞票的基本技术特点,才能鉴别其真伪。

三、外币伪钞的印制方法

1. 伪钞的类型

目前发现的伪钞大致有以下几种情况:

(1)电分机分色。制版,平版印刷,四色套印。这种机制印刷品占假钞总量的大多数。

(2)照相制版,平版印刷,其印刷部分还包括号码的印制、无色荧光油墨的印制。

(3)使用电脑打印,利用分辨率较高的电脑、彩色打印机扫描打印。

(4)利用高级复印机复印,用模具压出水印的痕迹。

(5)此外,还有裁剪多张真钞进行拼接和把一张真钞揭成两张,以及利用有些外币不分大小面额在外形尺寸上都一致的特点,将低面额的钞票手工直接描改成大面额等种种低劣的做法。

2. 运用钞票的工艺特点辨别真伪钞

伪钞是仿照真钞制造的,它以假乱真,但毕竟不是真的,只要我们熟悉印制钞票的基本工艺特点,认真加以辨别,总是可以看出破绽的。从防伪、辨伪的角度,从以下几个主要关键点入手,经过比较就能够识别伪钞。

(1)凹印效果。真钞的人像和图景都是凹版印制,用手触摸可明显感到油墨凸起,人物、主景线条精细,层次分明,立体感强。伪钞为平版印刷、四色套印,线条都是由网点组成的,图案模糊、着墨不实、纹理不清晰。伪钞使用平板胶印、电脑打印、复印等手段,尽管把图案、色彩等照搬复制,但绝没有凹印的效果,工艺上的差别是十分明显的。

(2)专用钞纸。印制钞票的纸张是专用的、特制的,耐磨、耐折、耐酸、耐碱,挺度好,质感好,有经验的人用手抖动可辨别其独特的声音。伪钞用纸是普通的胶版纸或书写纸,手感较厚,表面平滑,在紫光下呈现白色荧光。假钞纸内没有真钞纸内的红黄蓝绿纤维丝,假钞的纤维丝是纸张表面上的颜色痕迹。

(3)特有水印。真钞的印是在造纸过程中形成的,水印部位纸浆的密度不同,但纸张的整体厚度是一致的,水印图像层次清晰,过渡自然,富有神韵,立体感强。假钞的水印由手工制作,质量低劣。有的揭开纸张在夹层中涂上一层糊状物;有的利用模具在水印的部位压制一个图像痕迹,与真妙的水印对比,很容易发现其明显的差别。

(4)安全线。真钞的安全线,微缩文字清晰可见,文字间隔有序,线条宽窄一致,与纸张紧密地融为一体。假钞的安全线,由于是揭开埋进去的,纸张不会平整,安全线部位会高于纸面,塑料质的安全线与纸张不能有机地结合,安全线与纸张不服帖,容易抽出。

(5)正背面对印。真钞的正背面互补对印是使用专用的设备正背面同时印刷,一次完成。对印的图像,在透光条件下完全吻合,丝毫不差,精准无误。假钞则是正背面两次印刷,根本无法做到对印精准的效果,手持假钞迎光透视对印图案的效果,真假立现。

此外,还有更专业的真伪鉴别方法。如需借助荧光灯、放大镜、鉴别仪等加以鉴别的防伪工艺,如无色荧光油墨、光变油墨、磁性油墨、隐形数字等。只要我们熟悉或凭借上述几种最基本的真伪钞的工艺特点,就能够初步鉴别外币的真伪。

四、鉴别外币真伪的技巧

首先要对各版别真钞的票面特征和防伪特征进行全面的了解和熟练掌握,然后采用直接对比法(眼看、手摸、耳听)和仪器检测法进行鉴别,即通常所说的“一看、二摸、三听、四测”。

(1)看:首先看票面的颜色(见图 2.1)。美元真钞正面主色调为深黑色,背面为墨绿色(1963 年版以后版),冠字号码和库印为翠绿色,并都带有柔润光泽。假钞颜色相对不够纯正,色泽也较暗淡。其次,看票面图案、线条的印刷效果。真钞票面图案均是由点、线组成,线条清晰、光洁(有些线条有轻微的滋墨现象,属正

新版100美元纸币，其中一个新防伪技术就是富兰克林头像右侧“3D防伪带”。随手持倾斜角度变化，带内的美国独立钟图案和100字样会前后左右移动起来。该防伪带为嵌入纸币内，而非印制。

另一个“墨水瓶中的独立钟”，位于纸币正面防伪带右下方，有一只独立钟会隐藏在铜色的墨水瓶图案中，随观察角度的变化，独立钟图案会由铜色变为绿色，相应在墨水瓶中隐身或显形。

图 2.1　新版 100 美元的防伪特征

常)，图案层次及人物表情丰富，人物目光有神。假钞线条发虚、发花，有丢点、线的情况，图案缺乏层次，人物表情呆滞，眼睛无神。再次，看光变面额数字。1996 年版 10 美元以上真钞均采用了光变面额数字，变换观察角度，可看到颜色由绿变黑。假钞或者没有变色效果，或者变色效果不够明显，颜色较真钞也有差异。最后，透光看纸张、水印和安全线。美元纸张有正方形的网纹，纹路清晰，纸中有不规则分布的彩色纤维；1996 年版起美元纸张加入了与票面人物头像图案相同的水印，水印层次丰富，有较强的立体感；1990 年版起 5 美元以上面额纸币中加入了文字安全线，线条光洁、线上文字清晰。假钞纸张上或者没有网纹，或者网纹比较凌乱；水印图案缺乏层次和立体感，安全线上文字线条精细不匀，字体变形。

(2)摸：一是摸钞纸。真钞纸张挺括、光滑度适宜，有较好的韧性。而假钞纸张相对绵软，挺度较差，有的偏薄、有的偏厚，光滑度或者较高，或者较低。二是摸凹印手感。真钞正背面主景图案及边框等均采用凹版印刷，手摸有明显的凹凸感。假钞或者采用平版胶印，根本无凹印手感；或者即使采用凹版印刷，其版纹比真钞要浅，凹印手感与真钞相比仍有一定的差距。

(3)听：用手抖动或用手指弹动纸张，真钞会发出清脆的声响，假钞的声响则较为沉闷。

(4)测：一是用放大镜观察凹印缩微文字。从 1990 年版起，5 美元以上面额纸币加印了凹印缩微文字，在放大镜下观察，文字清晰可辨。假钞的缩微文字则较为模糊。二是用磁性检测仪检测磁性。真钞的黑色凹印油墨含有磁性材料，用磁性检测仪可检测出磁性。假钞或者没有磁性,或者磁性强度与真钞有别。三是用紫外光照射票面。真钞纸张无荧光反应,1996 年版美元安全线会有明亮的荧光反应。假钞安全线有的无荧光反应,有的即使有荧光反应,但亮度较暗,颜色也不正。

任务二　外币兑换的程序

【学习目标】

酒店行业收银员做好外币结账的工作,学生必须掌握以下技能:

①学会外币与人民币之间的兑换计算方法。

②了解外币兑换的程序。

【前置任务】

①你认为哪些国家的货币最漂亮?这些外币有什么特征?

②你认识的外币与人民币的兑换比率是多少?

【教学条件】

①资料准备:鉴别我国境内可兑换的外币的实训报告。

②物品准备:每组准备验钞机一台、实训报告各一份、签字笔一支,英镑、美元、欧元、加元、泰铢等外币。

③场地准备:饭店财务操作室。

④分组安排:每组 6 ~ 8 人,按学号坐在相应的验钞机机位上,对应使用验钞机检验外币。

⑤实训职责:每组设实训领班一名,负责分发报告、检查机位卫生、操作前后的验钞设备是否正常运行,并主持小组进行评议,填写实训报告。组员听从老师的现场指导,使用验钞机检验外币,总结外币的印刷特征。

⑥学时安排:2 课时。

【相关知识】

在国内,特别是一些星级饭店,通常都设有中国银行外币兑换点,即银行负责饭店兑换业务培训,并配给一定的兑换备用金,同时负责业务指导、有关信息传递,以及对备用金等进行经常检查。也有极少数饭店自行在店内设置专柜以负责兑换、储蓄业务。

在国内，一般银行都要求饭店外币兑换点每班应两人掌柜，以起到复核、把关作用。上班前应先清点备用金，挂出当天最新牌价表，准备好水单等办公用品，并调试好计算器、紫光灯、磁感器等辅助验钞机。为了提高兑换工作效率，特别为应付兑换高峰时间，兑换员往往事先打印好外币兑换参照表。当客人要求兑换时，可以马上从表中查出客人兑换应得的金额数。

一、外币现钞的兑换

(1)主动招呼客人，了解客人的需求。

(2)客人兑换外币现钞时，应唱收现钞并认真检验钞票真伪。

(3)填写兑换水单(客人姓名、房号、日期及该种外币现钞价和折合人民币金额数等)，经办人签名。

(4)请客人在水单上签名，核对并抄下客人护照或证件号码。

(5)复核人签名，核收外币现钞，并配备应付人民币数额。

(6)唱付客人应得金额，另将水单客人联交客人收执，向客人道谢。

(7)存放好外币现钞及水单其余联。

二、旅行支票兑付

(1)热情接待客人，询问客人需要何种服务。

(2)检查客人所持支票的真伪及支付范围。

(3)请客人在支票指定的复签位置上当面复签，并核对支票的初签与复签是否相符，如有可疑之处，应进一步检查，比如要求持票人背书。

(4)请客人出示证件，外币兑换员进行核对，如相片是否相符，支票上的签名与证件上是否一致，而后将支票号码、持票人的号码及国籍抄到水单上。

(5)填写兑换水单，一式两联，并计出贴息及实付金额。让客人在水单的指定位置上写上姓名、房号，将顾客联撕下给客人，将水单及支票送交复核员。

(6)外币兑换员认真复核水单上的金额及出纳所配好的现金，将应兑换给客人的金额唱付给客人。

三、外币兑换人民币的计算方法

1. 把外币兑换成人民币(直接兑换)公式

$$人民币 = 外币 \times 外币兑人民币现钞价$$

2. 把人民币兑换成外币(间接兑换)公式

外币 = 人民币 ÷ 外币兑人民币现钞价

3. 外币旅行支票的兑换公式

(1)先求出贴息:

贴息 = 外币旅行支票的金额 ×0.75%

(2)扣减贴息后,再求出兑换金额:

人民币 =(旅行支票面额 - 贴息)× 外币兑人民币现汇价

【实践园地】

外币现钞的兑换见表2.4。

表2.4 外币现钞兑换技能操作评价表

被考评人		班别		学号	
考评地点					
考评内容	鉴别外币现钞的技能				
考评标准	内 容	分值/分	自我评价/分	小组评议/分	实际得分/分
	鉴别欧元的能力	20			
	鉴别美元的能力	20			
	鉴别英镑的能力	20			
	根据汇率计算外币与人民币的兑换金额	20			
	填写兑换水单	20			
合 计		100			

注:1. 实际得分 = 自我评价40% + 小组评价60%。

2. 考评满分为100分,60~74分为及格;75~84分为良好;85分以上为优秀(包括85分)。

【想一想】

客人使用外币信用卡结账兑付,收银员应如何结账?

目前酒店受理的信用卡主要有国内发行的长城卡、牡丹卡等,香港汇丰银行的东美卡和万事达卡,南洋商业银行的发达卡;国外有美国运通公司的运通卡,日本东海银行的百万信用卡,三和银行的JCB卡等。其一般的兑换程序是:

1. 对客人的信用卡进行确认,即辨真伪、看清有效期等,并压卡。

2. 若客人的信用卡需要取授权号,则将信用卡上的号码、有效日期及支取金

额及客人的国籍、证件号码等信息告知给有关银行的授权中心，取得授权后方可承办；如未能取得授权，则需进行认真查阅。

3. 把取现单和水单交给客人签名，并与信用卡上的签名核对，确认无误后再递交给出纳进行配款。

【探究乐】

1. 仔细观察5欧元的正反面，你看到了什么样的图案和防伪标记？

2. 使用验钞机，找一找美元的磁性油墨的位置，看看最多能找到多少个？

【个案评议】

凌晨2:00左右，两位装束不凡的香港客人向某酒店总台走去。客人甲在办理好入住手续时，拿出8张面值1 000元的港币要求兑换人民币。小王接过这些港币觉得有些异样，且数目较大，便又退回甲客人说："很抱歉，我们总台没有足够的现金兑换，你还是等到明天吧。"见状，甲客人立即说："我们现在有点急事需用钱，你能不能帮我们想想办法。"并着重说明这是新版的港币。接着，乙客也用生硬的普通话说，如果你们不兑换的话，那我们就去别的酒店。小王怕失去这两位客人，又觉得两位客人衣着不凡就消除顾虑，便为客人兑换了8 400元人民币。5分钟后，小王觉得不放心，便向其主管汇报，后经确认发现此"新版"的港币全是秘鲁币，只不过是在钱币上印有港元、发行银行、发行时间等字样。主管立即通知保安和楼层服务员查房，发现客人根本未入房，于是向派出所报案。

【评析】

对此案例进行分析，有几点值得防范：

1. 酒店平时对员工的培训，往往过分强调"客人至上""顾客是上帝"等服务理念。事实上，在培训中也要提供一些负面案例，以提高员工的警惕性。

2. 收银员小王请示不及时。可以假设，如果小王在客人要求兑换人民币时及时请示其主管，可以肯定被骗事情就不会发生。

3. 酒店应及时加大并强化对新外币知识的培训，从案例中可以看出，收银员小王对新发行的港元知识不熟悉是导致其受骗的一个重要原因。

4. 一般而言，星级酒店在夜间为客人兑换外币，数量上是有明确规定的。收银员小王之所以敢违规为客人兑换数额较大的外币，一是因为太相信客人；二是因为怕失去两位客人。因此，在培训员工时，切记不能"以貌取人"；同时也不能盲目地为留住客人而忽略自身的工作职责。

项目三　点钞训练技巧

任务一　台式点钞技巧

【学习目标】

收银员上岗的时候,要清点收到的钞票,有时收到的金额较大,或者在下班前合计总额时要求快而准,有时还要防止收到假币。因此,要掌握一种较快,且能一并鉴别真伪的一种点钞技巧。

①掌握台式多指多张的指法。

②提高绑钞的质量。

【前置任务】

①收集点钞手法,在课堂上演示。

②当你到银行办理存取款、交学费时,银行的营业员是怎样点钞的?

③训练左右手手指的灵活度。

【教学条件】

①物品准备:每人一把练功券、5 条砂纸(捆线条)、一个点水器、一个印泥、刻有各自名字的印章。

②场地准备:教室或财务实操室。

③分组安排:每组六人,小组长一名,负责组织练习并进行小组评议。

④学时安排:4 学时。

【相关知识】

台式多指多张点钞手法

放在桌面用三个手指一次点三张的方法叫台式多指多张点钞法。这种方法是点钞中最基本也是最常用的一种方法,使用范围较广,频率较高,适用于收款、付款和整点各种新旧大小钞票。这种点钞方法用五只手指配合点数,速度比单指单张点钞快很多。这种点钞方法不仅省力、省脑,而且效率高,能够逐张识别假钞票和挑剔残破钞票,具体手法见图 3.1。

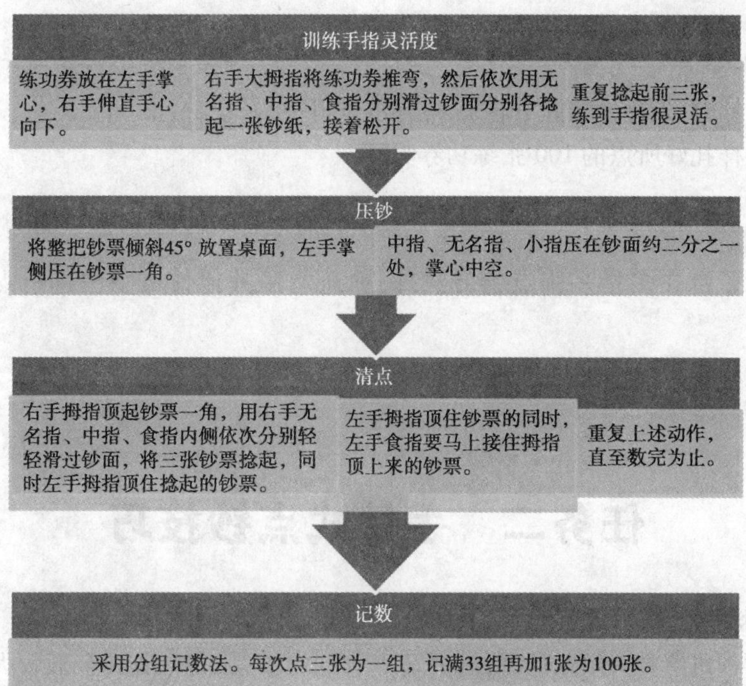

图 3.1 台式多指多张点钞

【实践园地】

台式多指多张点钞评价表(见表 3.1)。

表 3.1 台式多指多张点钞评价表

被考评人		班别		学号	
考评地点					
考评内容	台式多指多张点钞				
考评标准	内 容	分值/分	自我评价/分	小组评议/分	实际得分/分
	捻钞要符合标准、弹钞要符合标准	20			
	绑钞无坡度、绑钞无偏把	20			
	绑钞是否有松把、散把	20			
	点数正确	20			
	测试时能否集中精神的程度	20			
合 计		100			

注:1. 实际得分 = 自我评价 40% + 小组评价 60%。

2. 考评满分为 100 分,60 ~ 74 分为及格;75 ~ 84 分为良好;85 分以上为优秀(包括 85 分)。

【想一想】

1. 点钞时，怎样才能静下心来，点得准点得快？

2. 怎样扎好所点的 100 张练功券呢？

【探究乐】

1. 除了台式多指多张点钞方法外，你还能用其他什么手法进行点钞？试试看。

2. 采用台式的点钞手法，1 分钟能点多少张钞票呢？

任务二　手持式点钞技巧

【学习目标】

餐厅领班给客人结账的时候，要清点收到的钞票，有时收到金额较大时要求快而准，而且在没有点钞机的情况下点钞。因此，要掌握一种较快，且能一并鉴别真伪的一种点钞技巧。

①掌握手持式单指单张的要领。

②提高绑钞的质量。

【前置任务】

①收集点钞手法，在课堂上演示。

②观察餐厅领班结账时是怎样当着客人的面点钞的。

③训练左右手手指的灵活度。

【教学条件】

①物品准备：每人一把练功券、5 条砂纸（捆线条）、一个点水器、一个印泥、刻有各自名字的印章。

②场地准备：教室或财务实操室。

③分组安排：每组六人，小组长一名，负责组织练习并进行小组评议。

④学时安排：4 学时。

【相关知识】

手持式单指单张点钞

把钞票持在手中用一个手指一次点一张的方法叫手持式单指单张点钞法。这种方法是点钞中最基本也是最常用的一种方法,使用范围较广,频率较高,适用于收款、付款和整点各种新旧大小钞票。这种点钞方法由于持票面小,能看到票面的四分之三,容易发现假钞票及残破票,缺点是点一张记一个数,比较费力。具体操作方法见图3.2。

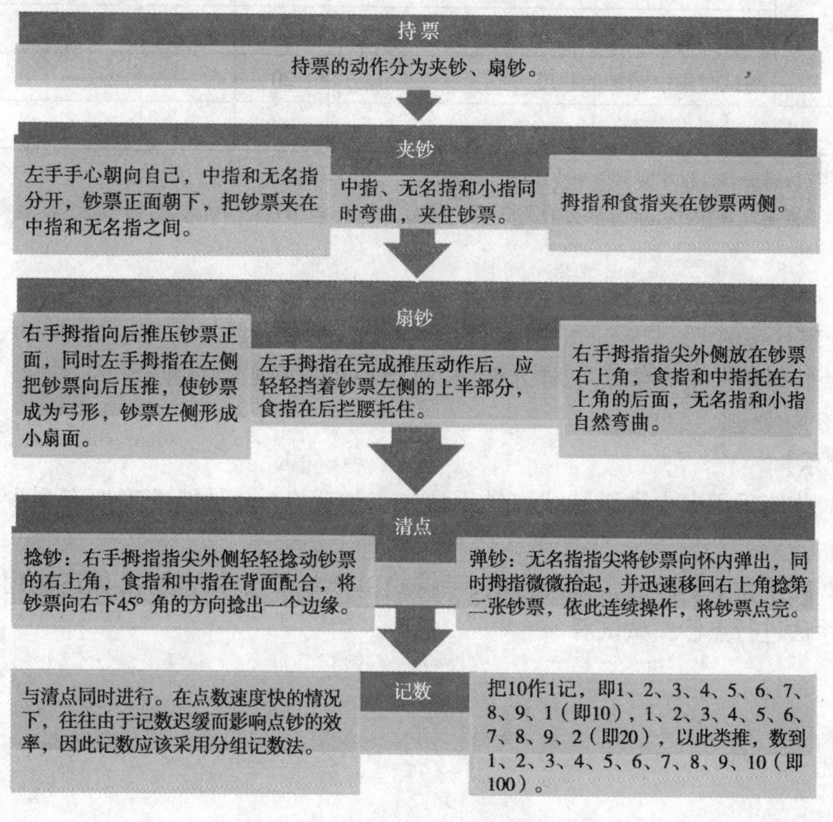

图3.2 手持式单指单张点钞

【实践园地】

手持式单指单张点钞评价表(见表3.2)。

表 3.2　手持式单指单张点钞评价表

被考评人		班别		学号	
考评地点					
考评内容	手持式单指单张点钞				
考评标准	内　容	分值/分	自我评价/分	小组评议/分	实际得分/分
	捻钞要符合标准、弹钞要符合标准	20			
	绑钞无坡度、绑钞无偏把	20			
	绑钞是否有松把、散把	20			
	点数正确	20			
	测试时集中精神的程度	20			
合　计		100			

注:1. 实际得分 = 自我评价 40% + 小组评价 60%。

2. 考评满分为 100 分,60 ~ 74 分为及格;75 ~ 84 分为良好;85 分以上为优秀(包括 85 分)。

【想一想】

点 1 000 张练功券时,怎样才能静下心来,点得又准又快呢?

【探究乐】

1. 你能采用多少种手持式点钞手法来点钞呢? 1 分钟能准确地点多少张钞票呢?

2. 除了台式多指多张点钞方法、手持式单指单张点钞方法外,你还能用其他什么手法进行点钞? 试试看。

项目四　银行卡刷卡技巧

任务一　辨别各类银行卡训练

【学习目标】

商业银行每年发行各种各样的银行卡、信用卡，客人在酒店刷卡消费现象越来越普遍。认识银行卡、信用卡的种类，协助客人完成信用卡或银行卡刷卡消费过程，识别信用卡的真伪、辨认持卡人使用信用卡的合法性，核对签名与卡片上预留签名的信息等技能是收银员必备的技能之一。

【前置任务】

①了解信用卡的概念及银行卡的种类。

②熟悉银行卡刷卡的收银业务。

③能灵活应对银行卡在收银业务中的异常情况。

【教学条件】

①物品准备：收银机 1 台，每组准备信用卡、取款卡各 1 张，实训报告各 1 份，签字笔 1 支。

②场地准备：教室或财务实操室。

③分组安排：按学号坐在收银机相应的座位上，2 人一组，一位同学扮演客人，一位同学扮演收银员，模拟打印消费账单、信用卡和银行卡刷卡消费。

④学时安排：4 学时。

【相关知识】

一、信用卡的概念及种类

1. 银行卡的产生

随着商品经济的发展、商品供应量的增加和竞争的加剧，逐渐形成了买方市场。在买方市场的产品交换中，卖方具有扩大消费的需要，而买方的消费需求受到当时有效购买力的制约。这种矛盾导致流通领域出现了商品赊销、分期付款、信用卡等支付方式。信用卡作为一种新型的消费信贷方式和支付手段应运而生。

到了现在，不管是先消费后还款的信用卡，还是先存款后消费并带有银联标记的取款卡都在中国内地及港、澳、台地区得到了广泛地使用。

2. 信用卡的概念及种类

信用卡是银行或其他财务机构签发给那些资信状况良好人士的一种特制卡片，是一种特殊的信用凭证。持卡人可凭信用卡在发卡机构指定的商户购物和消费，也可在指定的银行机构存取现金。

3. 银行卡的种类

银行卡有广义和狭义之分。广义上的信用卡包括贷记卡、准贷记卡、借记卡、储蓄卡、提款卡、支票卡及赊账卡等。从狭义上说，国外的信用卡主要是指由银行或其他财务机构发行的贷记卡，即无需预先存款就可贷款消费的信用卡，是先消费后还款的信用卡；国内的信用卡主要是指贷记卡，先存款后消费，允许小额、善意透支的信用卡。卡片上带有银联标记的银行卡，能在中国内地及香港、澳门、台湾地区设置标有银联标记的 ATM 自动柜员机上提取当地货币，甚至实现存款的功能。

二、信用卡卡片包含的内容

在外形上，信用卡的大小如同身份证，一般由特殊的塑料制成，正面印有特别设计的图案、发卡机构的名称及标识，并有用凸字或平面方式印制的卡号、持有者姓名、有效期限等信息，如中国银行长城人民币金卡（见图4.1）。背面有用于记录有关信息的磁条、供持卡人预留签名的空白处及发卡机构的说明等（见图4.2）。

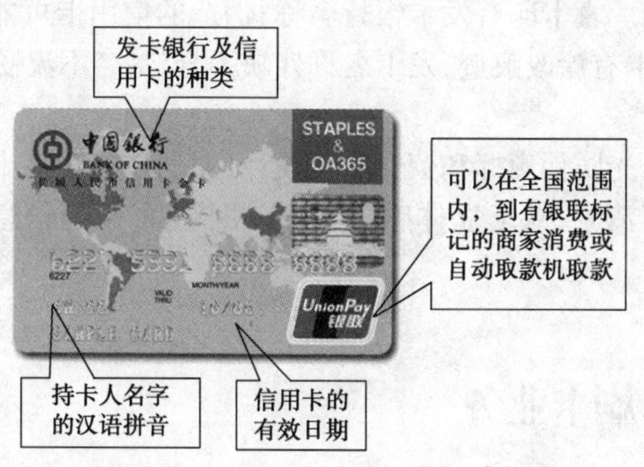

图 4.1　信用卡正面的内容

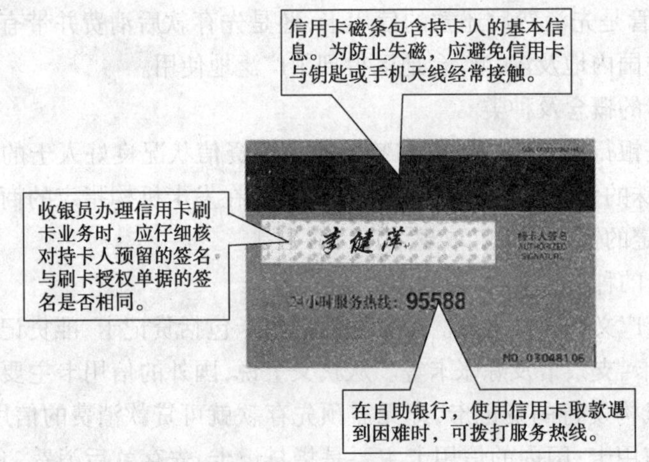

图 4.2　信用卡背面的内容

三、识别信用卡的基本方法

1. 看卡面

真卡卡面颜色鲜明、字迹清晰，塑料表面光滑，颜色不易脱落，且卡面条纹清楚整齐。伪造信用卡卡面、卡背制作粗糙，字迹模糊，颜色过深或过浅，塑料表面凹凸不平，颜色容易脱落，卡面条纹不整齐，如同贴在白卡上。

2. 看凸印

真卡卡号、英文字母排列清晰整齐；伪造的信用卡卡号、英文字母排列不整齐或尺码有别；涂改过的信用卡卡号、英文字母排列不整齐，字母大小有别，旧卡号在卡背面隐约可见。真卡印有发卡银行名称；伪造的信用卡可能没有发卡银行名称；涂改过的信用卡有涂改痕迹，发卡名称残缺不全，签名不流畅。

3. 看防伪设计

真卡有全息激光防伪商标和荧光防伪设计，而伪造的信用卡一般无防伪标志或防伪设计标志不清晰，缺乏立体感。另外，假卡上的磁道信息无法在销售终端机上读出。

四、银行卡刷卡业务

1. 收卡

当客人用银行卡付款时，收银员要同时收取客人的银行卡，在接过银行卡的同时要唱收："收到××卡一张"，并礼貌地告诉客人稍微等待以进行刷卡操作。

2. 确认

收到银行卡后,收银员应首先确认本处有无该卡种业务。如果本单位未建立该卡种的收银业务,或虽有此种业务但经过查询未得到相关银行明确授权时,收银员有权建议消费者更换结算方式。

3. 审卡

收银员在接受客人银行卡付款时应对客人的银行卡进行审核。

(1)查证银联标志(见图 4.3)或国际信用卡 5 大组织标记(见图 4.4)。

图 4.3　银联标记

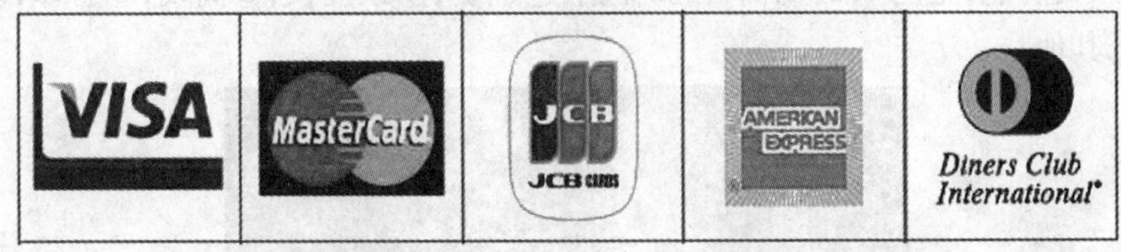

图 4.4　维萨卡、万事达卡、JCB 卡、美国运通卡、大来卡的标记

(2)检查银行卡是否完整无损。在发现客人所持有的银行卡有破损、折叠、变形等以致无法正常使用时,收银员有权建议消费者更换结算方式。

(3)检查有效日期,特别是卡片到期的日期。

(4)如果发现银行卡已被相关金融机构列入禁用名单,收银员有权代替金融机构扣留该银行卡。根据公安部门、银行卡发行机构的要求,收银员有权扣留被通缉人的或正在透支的银行卡。对已经宣布失窃或作废的银行卡,为方便以后检查,应按数字顺序列出清单。

(5)如果消费金额超过使用限度,要打电话给银行要求加大信用权限的特许代号,并将此号码记录在销售单上。

4. 刷卡

把银行卡的磁条在银联的 POS 机上刷一下,POS 机自动连接银联系统(见图 4.5),验证该卡的有效性,收银员输入持卡人的消费金额后,等待银联组织的授权,通过后,POS 机自动打印银行卡刷卡凭单,并让持卡人核对账目,签字确认消费。

图 4.5　信用卡刷卡

收银员刷卡后,显示屏显示 POS 机的八大功能,由收银员根据实际情况进行相关的选择后输入对应的数字按钮,实现不同的刷卡功能。刷卡后,POS 屏幕显示的八大功能,见图 4.6:①消费;②撤销;③退货;④预授权;⑤离线;⑥打印;⑦管理;⑧其他。

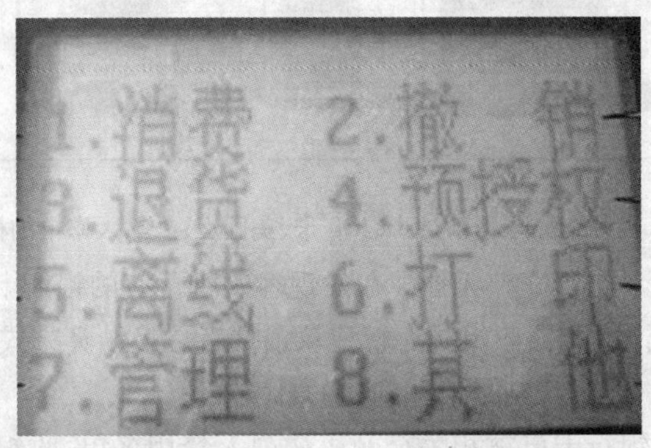

图 4.6　POS 机刷卡后显示的功能

收银员选择消费或预授权等的对应功能后,输入正确的金额,检查销售单上打印的银行卡号码、收银金额、日期等是否完整、清晰,保证持卡人签字前的单据清晰、有效,以减少工作失误和客人的等待时间。

5. 签字

在上述程序结束后,收银员将销售单据交给客人并指导客人在相应的位置签字,并将销售单上的签名与银行卡背面预留的签名对比,确保其真实性、正确性。

6. 核实

收银员在完成确认、刷卡、打印、核对签字这四个操作步骤后，还要认真地核实一遍。主要核实以下几个方面：

(1)核实客人所持信用卡的有效期限，即检查信用卡的发行和到期年月。

(2)核实客人的签字与信用卡背面的签字是否一致(如果销售单上签名有误，可重新刷卡请客人重新签字，而后将刷过卡的作废单据当着客人的面撕毁)。

(3)核实客人所持银行卡号码是否在银行定期发布的通缉名单上，防止有人使用盗窃而来的银行卡。

(4)核实能否授权。如果消费金额超出规定数额，收银员须及时以电话(或与电话线连接的授权机)形式向相关银行或信用卡发行部门申请授权，并在刷卡单上填写授权号码与时间。切忌在未得到授权时以重复刷卡的方式收足超出款项，避免恶性透支的发生。

7. 打印单据

刷卡操作完毕后，收银员要向客人开具收款凭证，打印电脑小票或销售小票，选择银行卡付款键，钱箱打开，完成交易。

8. 交还卡、证、单据给客人

以上收款操作程序结束后，收银员应将银行卡、刷卡单据连同电脑小票或销售发票一同交还给客人，把银行卡刷卡单据统一整理后存放入钱箱，作为交班时的营业收入依据。

9. 异常处理

如果出现以下异常情况，零售服务人员应与发卡银行联系：

(1)出售的商品或提供的服务的价格超出银行规定的信用额度。

(2)信用卡号码在透支信用卡收回报告中。

(3)客人的态度令人感到奇怪或有令人生疑的举动。

(4)银行卡或者信用卡的背面没有签名。

(5)商场对持卡人有任何疑问。

(6)被使用的银行卡已失效。

(7)销售单上的签名与银行卡上的签名不一致。

【实践园地】

银行卡刷卡业务技能评价表，见表4.1。

表 4.1　银行卡刷卡业务技能评价表

被考评人		班别		学号	
考评地点					
考评内容	银行卡刷卡业务				
考评标准	内　容	分值/分	自我评价/分	小组评议/分	实际得分/分
	鉴别银行卡的真伪	20			
	确认银行卡的有效期限	20			
	刷卡,输入消费金额并等待银联组织授权	20			
	鉴别消费者签名与银行卡、信用卡背面的预留签名的字迹是否一致	20			
	发现持卡消费者有异常行为,收银员应采取的处理方法	20			
合　计		100			

注:1. 实际得分 = 自我评价 40% + 小组评价 60%。

2. 考评满分为 100 分,60 ~ 74 分为及格;75 ~ 84 分为良好;85 分以上为优秀(包括 85 分)。

【想一想】

1. 当客人使用在境外非法偷来的信用卡进行刷卡消费,你应该怎样处理呢?

2. 假如出现刷卡过程中打印单据时,发现多刷了金额,要退回多刷的数额,收银员应怎么办呢?

【探究乐】

假如在亚洲或中国香港、澳门、台湾地区持有中国银行发行的 VISA 系列和银联系列并存的银行卡进行消费,采用哪一个系列的刷卡渠道比较划算呢?

项目五　开具发票的技巧

任务一　开具发票的技巧

【学习目标】

①了解发票的种类。

②熟练掌握发票的填写。

③开具定额发票。

④打印发票。

【前置任务】

①收集现在市面上使用的发票。

②发票上有哪些防伪特征?

【教学条件】

①资料准备:填写发票的实训报告。

②物品准备:发票样本一张,定额发票一套、黑色签字笔一支、蓝色原子笔一支。

③场地准备:教室。

④实训职责:每组6~8人,设实训领班一名,负责分发报告,并主持小组评议支票填写的有效性,对实训报告进行小组评分。组员听从老师的现场指导,根据情景要求办理支票的收银业务。

⑤学时安排:4课时。

【相关知识】

一、发票的定义和特征

1. 定义

发票是指在购销商品、提供或者接受服务以及从事其他经营活动中,开具、收取的收付款凭证。它是在经济业务活动或者其他经营业务活动过程中,记载业务往来内容,凭以收付款项或证明资金转移的书面证明。

2. 特征

发票具有如下形式和特征：

(1)尽管不同的行业有着不同的业务发票,或具有发票性质的营业票证和收据,但其主要内容是基本相同的,都有购货单位、时间、品名、规格、计算单位、数量、单价、金额等基本栏目。

(2)发票票面必须有销售单位或服务单位和管理发票的权力单位(税务机关)的签章和发票监制章,否则,发票就不具有其应用的经济和法律作用。

(3)发票应有在业务上与之相对应的存根、记账等联次。

发票的这三个形式和特征是缺一不可的,既是区别其他经济或法律票据的基本标志,也是鉴别一种票据是不是发票的基本尺度。

二、发票的种类

发票由国税部门监制监管。

1. 发票从品种上可划分为三大类

(1)增值税专用发票。全国统一式样,发票票面冠以各省、自治区、直辖市的名称,如广东增值税专用发票、上海增值税专用发票等。

(2)普通发票。冠以本辖区名称且在辖区内统一式样的发票。由税务机关统一印制和供应,用票户申请领购使用,如广东省广州市销售发票等。

(3)订购发票。印有订购企业的单位名称并根据企业的使用或用途需要而制定的式样各异的发票。订购发票是特定用户、特定用途的发票,如“广州市新大新有限公司”,只有该公司才是该种发票的合法开具使用单位。

2. 发票从版面上可划分为三大类

(1)手写版发票。又称“手工票”,是指用手工书写形式填开的发票。

(2)电脑版发票。又称“机打发票”,是指利用计算机填开并使用其附设的打印机打印出票面内容的发票,见图5.1。

图5.1　发票在线登录界面

(3)定额版发票。是指发票票面印有固定的金额(定额)的发票。

三、发票的基本构成要素

发票的基本功能之一是正确反映经济交往活动,明确有关部门和个人在经济交往中的责任,因此发票必须具备足以说明经济交往活动内容的基本要素。发票的基本构成要素即内容主要有:

(1)票头。即发票名称,由使用单位的名称或其所在的行政区域名称和所属行业及“发票”字样所组成。票头主要明确发票的使用范围,即使用行政区域的所属行业。

(2)字轨号码。它是每一种(本)发票的印刷批次及起止顺序标记。字轨是用来区别每种发票不同的印刷批次的,其编制方法很多,只要每个批号不完全相同即可;顺序号一般用符号 NO. 表示,在符号后面是具体号码,主要是为了便于记录、查找、稽核等工作的需要,防止伪造冒领等行为的发生。

(3)联次及用途。联次是指每一份发票的张数。一般发票通常有:存根联、记账联、提货联等联次。为便于各联次之间的区分,通常要标明各联次序及用途,而且各联次的颜色也不一致。用途是指各联次的具体作用,在一式多联发票中,由于各联次的作用不同,因此各联次反映的要素也有差别,但在一份发票中,只能有一联作报销凭证。

(4)客户名称。即购货或付款单位和个人,它反映了接受发票的单位或个人对外的法定全称,主要表明发生经济业务交往事项的主体,便于接受单位财务人员的审核,以防止张冠李戴现象的发生。

(5)开票日期。反映经济交往事项发生的准确、具体时间。其目的是便于发票单位的财会人员进行核算时,确定发票的归属期,以利于准确核算各归属期的成本或费用。

(6)开户银行及账号。反映填发票单位在经营所在地开户银行及其所排列的顺序号,它主要是便于接受发票单位或个人划转结算款项。

(7)品名或经营项目。反映销售的是什么商品、产品或提供的何种服务或劳务。

(8)计量单位。反映销售商(产)品和劳务服务的计数形式,例如吨、公斤、件、辆、工时等。

(9)数量。反映销售商(产)品的规模,共有多少个单位数量或劳务服务计酬的数量。

(10)单价。反映销售一个单位商(产)品或提供一个单位劳务服务的价格。

主要是为了便于接受发票单位的财务人员进行核算和监督。

(11)金额。包括小写金额和大写金额,是用来反映商(产)品所取得的每个品种或提供单项劳务服务的金额和总金额。

(12)开票单位及开票人。指开票单位(加盖公章)、复核人和具体填制发票的经手人,主要是用来明确开票单位和复核及经手人对发票的经济责任,便于事后查核。

有代扣、代收税款的,其发票内容应当包括代扣、代收税款税种的税率和税额。

增值税专用发票还应当包括购货人地址、税务登记证号、增值税税率、税额、供货方名称、地址及其税务登记证号。

四、填制普通发票的技巧

普通发票作为在购销商品、提供或接受服务以及从事其他经营活动中开具、收取的收付款凭证,是一种商事凭证,只开具交易数量、价格等内容,不开具税金,使用范围比较广泛。

常见的普通发票有两种:一是需要剪贴的"锯齿剪贴式"发票;二是不需要剪贴的发票。填写发票应注意以下几点:

(1)普通发票一般是一式三联,第一联为存根联,开票方留存备查;第二联为发票联,收执方作为付款或收款原始凭证,填开后的发票联要加盖财务印章或发票专用章;第三联为记账联,开票方作为记账原始凭证。也有一式两联、四联的。开具发票时应根据发票纸质,夹入复写纸填制,或者无碳复写的发票不需要使用复写纸填制,直接填制。

(2)开具发票,字迹要规范、清晰、端正,不得写错别字,且应当使用正楷中文字。民族自治区可以同时使用当时通用的一种民族文字;外商投资企业和外资企业可以同时使用一种外国文字。

(3)按各栏目要求填写,不得颠倒、漏填、错填。填写项目有:日期、购货单位(人)名称与纳税人识别号、销货单位与纳税人识别号、品名规格、单位、数量、单价、大写金额、小写金额等,最后由经手人(开票人)签字并加盖销货单位公章。

(4)开具发票,发生业务金额数不满千元时,应在发生金额最高位数前封口防止作伪。大写金额前用"⊗"字符号封口,小写金额前用"¥"符号封口。

(5)填制锯齿剪贴式发票,发票联大写金额与"剪券"剪留的金额要相符,否则视为无效发票。总金额不足十元的,沿剪线将"剪券"部分全部剪下,使发票联留有"剪券"二字。发票联留下的锯齿部分,要对应粘贴于存根联的"贴券"上,发票联剪口处留存的数字及存根联粘口处的数字均与填写金额相一致。

(6)开具发票时限、地点应符合规定。

(7)任何单位和个人不得转借、转让、代开发票;未经税务机关批准,不得拆开使用发票。

五、新版发票的特征

(1)新版发票改变了以往按行业或经营范围设置发票名称的办法,改为按营业税征收范围设置。

(2)新版发票的版面(除背面)全部增设了中、英文对照,满足入世需要。

(3)新版发票中《××省定额专用发票》和《××省服务业、娱乐业、文化体育业专用发票》增设了"刮开式"即开即兑奖励方式的有奖发票,以鼓励消费者索取发票。

(4)新版发票的背面统一增设了发票管理法规的宣传内容。

(5)新版发票采用数字喷码和丝网工位技术印制,以提高普通发票的防伪能力。

(6)新版发票增设了语音电话和网上查询告之功能,方便了用票单位和消费者查询发票内容和举报发票的违法行为。

(7)新版发票将纸张和油墨的原材料防伪措施,改为数码技术印刷和数字查询功能防伪措施。

(8)新版发票推行使用后,发票金额部分取消手工填开的方式。

(9)新版发票的发票号码采用18位号码组成,第1至4位表示计算机系统发票名称的编码;第5至6位表示印制年度;第7位表示"统票"或"自印票",统票代码为0,自印票代码为1;第8位表示发票的联次,定额票代码为1,二联式代码为2,三联式代码为3,以此类推;第9至10位表示发票的印制批次,第一次印制代码为01,以此类推;第11至18位表示发票印制的顺序号码。

(10)新版发票的发票密码由8位组成,由指定的人员(市局)按照防伪管理软件操作程序的要求设置每批需印制发票的密码。

六、增值税专用发票

填制增值税专用发票是指专门用于工业、商业企业结算销售货物和提供加工、修理修配劳务使用的一种发票。它大部分内容以及基本要求与普通发票相同,但增加了一些需要填制的项目内容,填制要求更为严格,具体需要注意以下几点:

（1）增加的填写项目有：购货单位地址和电话、购货单位开户银行及账户、不含增值税金额（包括商品或劳务的单项金额和合计金额）、税额（包括商品或劳务的单项税额和合计金额）、增值税税率（17%）价税合计（包括大写、小写）、销货单位地址和电话、销货单位开户银行及账号，有的甚至包括结算方式（如支票、汇票、转账等），都必须填写清楚。

如："销货单位"和"购货单位"要写全称；"计量单位"栏，应按国家规定的统一计量单位填写；"数量"栏按销售货物的实际销售数量填写；"单价"栏必须填写不含税单价；"金额"栏应按不含税单价和数量相乘计算填写；"税率"栏除另有规定外，都必须按税法统一规定的货物的适用税率填写；"税额"栏应按"金额"栏和"税率"栏相乘计算填写。

（2）增值税专用发票不允许有涂改现象。

（3）增值税专用发票必须填写购货方和销货方纳税人登记号。

（4）必须加盖开票单位公章。

【实践园地】

1. 实践任务一：填写商业销售发票。

2011 年 6 月 28 日，广州市四季轩公司向新蓝天计算机网络资讯中心购进图书一批，其中：《餐饮信息化操作实训》8 本，单价 35 元；《于丹论语心得》50 本，单价 20 元；《易中天品读汉代风云人物》18 本，单价 28 元。请按上述资料填写下列发票。

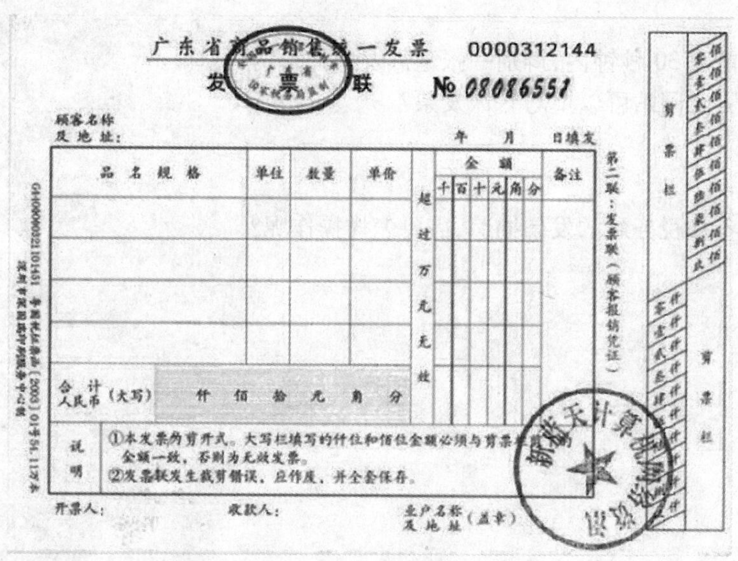

广东省商品销售统一发票　0000312144

发　票　联　№ 08086551

顾客名称及地址：　　　　年　月　日填发

品名规格	单位	数量	单价	超过万元无效	金额 千	百	十	元	角	分	备注
合计人民币（大写）　仟　佰　拾　元　角　分											

说明：①本发票为剪开式。大写栏填写的仟位和佰位金额必须与剪票栏的金额一致，否则为无效发票。②发票联发生截剪错误，应作废，并全套保存。

开票人：　　收款人：　　业户名称及地址（盖章）

第二联：发票联（顾客报销凭证）

剪票栏

剪票栏

2. 实践任务二:填写发票的技能评价(见表5.1)。

表5.1 填写发票的技能评价表

被考评人		班别		学号	
考评地点					
考评内容	填写发票的技能				
考评标准	内　容	分值/分	自我评价/分	小组评议/分	实际得分/分
	填写现金支票的大写金额	20			
	填写现金支票的小写金额	20			
	填写日期	10			
	填写顾客名称	20			
	填写商品名称	20			
	填写商品规格和单价	10			
合　计		100			

注:1. 实际得分 = 自我评价 40% + 小组评价 60%。

2. 考评满分为100分,60 ~74分为及格;75 ~84分为良好;85分以上为优秀(包括85分)。

【想一想】

1. 你能在30秒钟内,辨别一张定额发票的真伪吗?

2. 上哪个网站可以填写餐饮发票?

【探究乐】

发票参加税务局的发票抽奖,需要怎样操作呢?

项目六　电子收款机收银技巧

任务一　正确使用 POS 收银机的打印机

【学习目标】

①辨别热敏纸与普通打印纸的区别。

②掌握安装收银机的热敏打印纸的方法。

③1 分钟之内拆卸打印机的小配件并按要求正确安装小配件。

④了解收银常用的打印机。

⑤掌握打印机的日常维护方法。

【前置任务】

①热敏纸与普通打印纸有什么区别?

②中西式快餐店使用的 POS 机有哪些款式?

【教学条件】

①资料准备:收银实操报告。

②物品准备:每人一台收银机、热敏打印纸一卷、打印机机顶盒、有机玻璃盖板、压纸杆、卷纸器、固体胶水、收银实操报告各一份。

③场地准备:饭店财务操作室。

④分组安排:每组六人,按学号坐在相应的收银机机位上。实操领班一名,负责收发收银机钥匙、分发报告、检查机位卫生、收操前后的收银设备是否正常运行,并进行小组评议。

⑤学时安排:1 学时。

【相关知识】

一、打印机的基本知识

1. 打印机的分类

打印机的分类:按输出方式分为行式打印机、串式打印机;按工作方式划分为击打式打印机和非击打式打印机;按打印颜色分类,划分为单色打印机和彩色打印机;此外,还有票据打印机(见图 6.1)、多联拷贝式复写打印机等。

击打式打印机的打印头从左至右逐行移动，打印针按照字符纵向点阵的排列规则击打色带，打印出字符，以单色打印为主，打印机噪音大、速度慢、打印质量差、色带价格便宜，对纸张没有特殊要求，能打印多联拷贝的无碳复写发票。非击打式打印机有喷墨打印机（见图6.2）、激光打印机、热敏打印机。其优点是噪音小、速度快、打印质量高。喷墨打印机价格低，但耗材价格较高；激光打印机价格高（见图6.3），硒鼓价格高，一般寿命可达2 000张A4纸的打印内容，打印速度可达每秒20张A4纸。热敏打印机的打印速度快但无法打印多联纸，热敏打印纸放久了会褪色，不易保存，主要用于专业打印。

图6.1 票据打印机

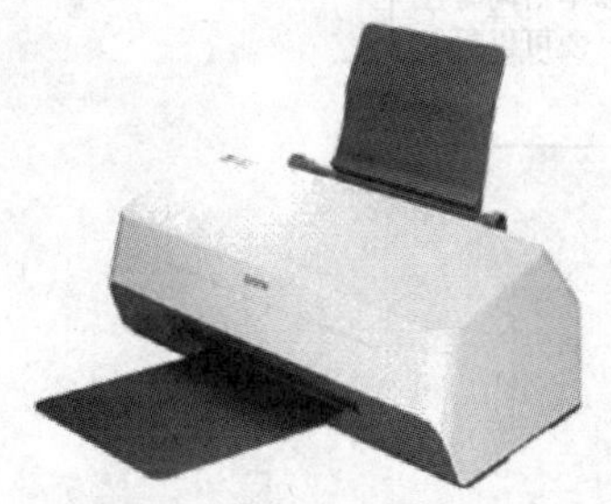

图6.2 喷墨打印机

图6.3 激光打印机

2. 打印机的日常维护

保持机壳的清洁卫生，及时清除进纸口的纸屑、灰尘，保证进退纸通道畅通。避免不关打印机电源直接关总电源，避免带电移动打印头，打印过程中避免用力拉动打印纸，影响打印效果。若使用针式打印机，定期检查色带是否已干或没有颜色，避免不安装打印纸直接打印，以致损坏打印机机头。

3. 打印机的接口

打印机的接口有25针的LPT接口（见图6.4）、USB接口、无线接口（如红外线和蓝牙接口）以及和钱箱相连的打印接口。在USB接口打印机出现之前，大部分的打印机都采用LPT接口，电脑主板上都有这个接口。但由于LPT接口速度慢，加上USB接口打印机支持热插拔和即插即用，使用非常方便，安装简单，通用性强，而且接口传输速度比LPT接口速度快，因而USB接口打印机被广泛使用，成为现代打印机的主流。无线接口打印机产品型号较少，无线传输速度远远低于USB连接，暂时并不普

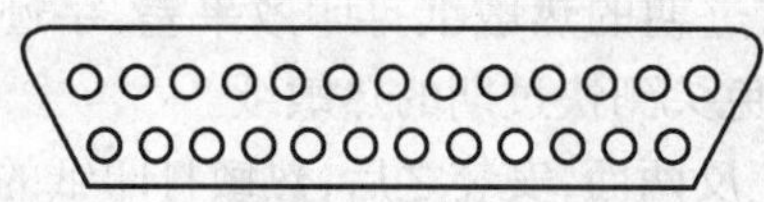

图6.4 LPT接口

及。随着无线技术的发展,无线传输打印机将会有很大的发展空间。

钱箱是POS收款机或ECR电子收款机自带的,内有纸币夹和银币夹分格的箱子。每次收款后,钱箱会自动弹出,打印机会打印收款账单。钱箱接口是打印机上专门用于驱动钱箱开关的,不需要时可以不用,但不能随意连接其他设备(如电话),否则会损坏设备。

二、拆卸热敏打印纸流程图(见图6.5)

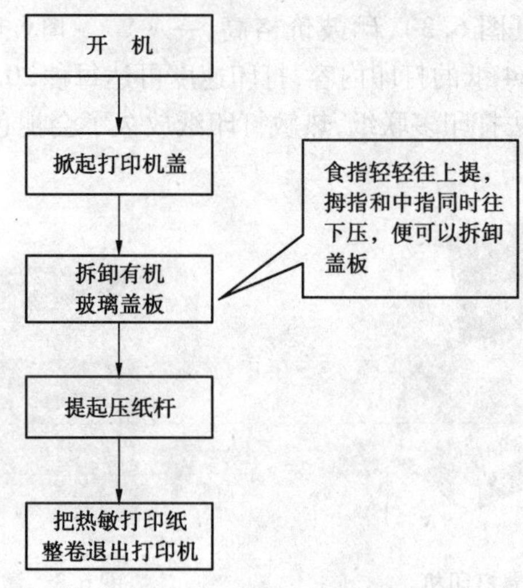

图6.5 拆卸打印纸

三、安装收银机热敏纸

安装收银机热敏纸的流程图见图6.6,安装图见图6.7、图6.8。

四、鉴别热敏纸与普通打印纸

用指甲或尺子等硬物划热敏打印纸的正反两面,有灰黑色划痕的是热敏纸的正面,没有划痕的是背面。不用笔只用尺子在普通打印纸上划线后并没有灰黑色的划痕。热敏纸的使用期限一般在两年左右,过期的热敏纸打印效果差,字迹模糊,因此购买时,要注意热敏纸的生产日期,避免买到快过期的热敏纸。

安装收银机热敏打印纸时,应注意分清楚正反两面,安装之后,热敏打印纸的正面应朝自己的方向,否则收款机打印账单时没有打印出任何内容,只出白纸一张。

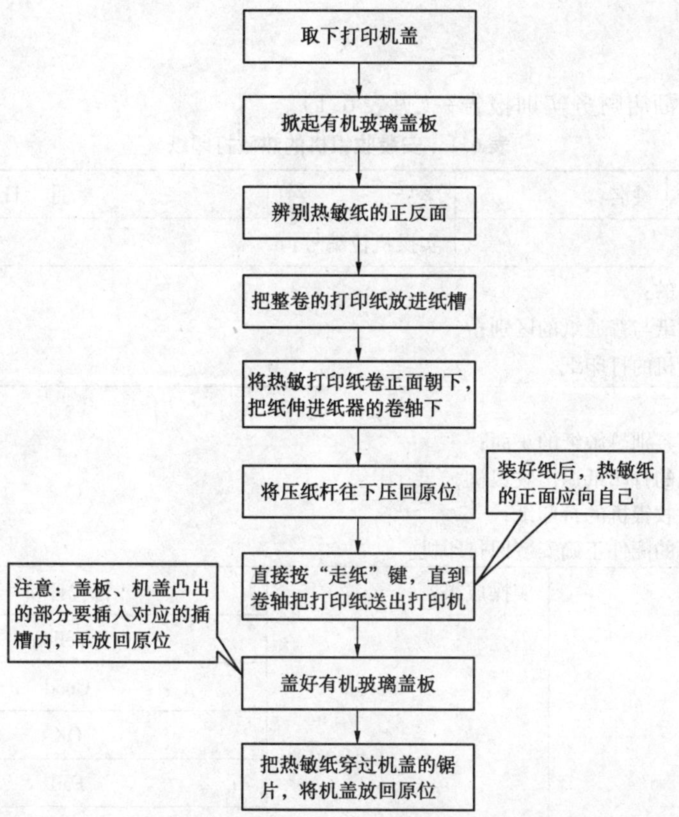

图 6.6　安装收银机打印纸

图 6.7　用完打印纸

图 6.8　安装打印纸

【实践园地】

1. 填写酒店财务实训报告一(见表6.1)。

表6.1　安装收银机的热敏打印纸

<table>
<tr><td>班别:</td><td colspan="2">姓名:</td><td>学号:</td><td>月　日(星期　)</td></tr>
<tr><td colspan="3">实操机型:</td><td colspan="2">实操机位编号:</td></tr>
<tr><td colspan="5">实操主要目的:
1. 分清热敏纸与普通纸的区别;
2. 更换收银机的打印纸。</td></tr>
<tr><td colspan="5">实操要求:
1. 学会徒手鉴别热敏纸的正面;
2. 把收银机的打印纸退出收银机;
3. 正确安装收银机的打印纸;
4. 把打印机的配件正确安装回打印机。</td></tr>
<tr><td colspan="2" rowspan="12">实操步骤:</td><td colspan="2" rowspan="12">实操成果:</td><td>自我评价</td></tr>
<tr><td>Excellent</td></tr>
<tr><td>Good</td></tr>
<tr><td>OK</td></tr>
<tr><td>Fail</td></tr>
<tr><td></td></tr>
<tr><td>小组评价</td></tr>
<tr><td>Excellent</td></tr>
<tr><td>Good</td></tr>
<tr><td>OK</td></tr>
<tr><td>Fail</td></tr>
<tr><td></td></tr>
<tr><td colspan="4" rowspan="3">遇到的困难:</td><td>综合评价</td></tr>
<tr><td>Excellent</td></tr>
<tr><td>Good</td></tr>
<tr><td colspan="4" rowspan="3">解决的方法:</td><td>OK</td></tr>
<tr><td>Fail</td></tr>
<tr><td></td></tr>
</table>

2. 安装收银机打印纸技能评价(见表6.2)。

表6.2　安装收银机打印纸技能评价表

被考评人		班别		学号	
考评地点					
考评内容	安装收银机打印纸				
考评标准	内　容	分值/分	自我评价/分	小组评议/分	实际得分/分
	拆除打印机配件	25			
	分辨热敏纸的正面	25			
	安装打印纸及打印机配件	25			
	打印机正常运作	25			
合　计		100			

注:1. 实际得分 = 自我评价 40% + 小组评价 60%。

2. 考评满分为100分,60~74分为及格;75~84分为良好;85分以上为优秀(包括85分)。

任务二　设置收银权限

【学习目标】

①能够把收银员的姓名设为自己的姓名。

②掌握收银机操作中收银员权限、管理员权限和老板的权限。

【前置任务】

收银员、收银领班、管理人员的权限各有不同,应怎样设置比较合适呢?

【教学条件】

①资料准备:收银实操报告二。

②物品准备:每人一台收银机、收银机老板钥匙一把、固体胶水、收银实操报告各一份。

③场地准备:饭店财务操作室。

④分组安排:每组六人,按学号坐在相应的收银机机位上。实操领班一名,负

责收发收银机钥匙、分发报告、检查机位卫生、收操前后的收银设备是否正常运行,并带领组员进行小组评议。实操课结束前,交回收银钥匙、胶水、实操报告,填写实操室使用登记表。

⑤学时安排:2 学时。

【相关知识】

一、收银机钥匙的控制权限

每一班收银员进行收银业务时,必须要输入收银员的密码,以便在打印销售报表中体现出该收银员的工作情况,假如不设收银员的密码权限,出现问题时,比较难追查责任人。为了对收银管理实行责任到人,以及收银人员处理一些情况(如退菜、取消账单、转台、退货等)前要征求餐厅经理、收银领班的同意,才可以操作,因此要设置收银权限。

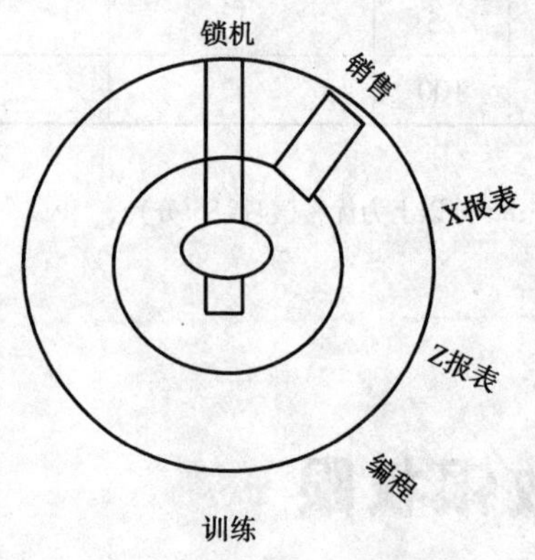

图 6.9 收银机机锁示意图

1. 收银机钥匙的分类

收银机一般来说配有三种钥匙:收银员钥匙、管理员钥匙和老板钥匙。不同种类的钥匙旋到的位置不同(见图 6.9),收银机所提供的操作又不同,从而确定钥匙拥有者的不同的权限(见表 6.3)。

表 6.3 钥匙可旋转到的位置及其权限

钥匙种类 权限	收银员钥匙(OP)	管理员钥匙(OW)	老板钥匙(OWP)
锁机	利用收银员钥匙进行锁机、销售操作和打印 X 模式报表。	利用管理员钥匙进行锁机、销售操作、打印 X 模式报表、Z 模式报表和设置收银机系统参数。	利用老板钥匙进行锁机、销售操作、打印 X 模式报表、Z 模式报表、设置收银机系统参数和模拟训练,其数据不储存、不统计。
销售			
X 报表			
Z 报表			
编程			
训练			

收银领班掌握退货密码，而收银员因不知道密码，不可以随意退货，不能把退货后的商品金额收归自己所有。因此，采用权限进行层级管理是为了杜绝营业收入的流失这一漏洞，是收入控制的基本方法之一。

2. 开钱箱的方法

(1)在通电情况下，钥匙旋到销售位，进行销售按[现金]或[信用卡]键，会自动开钱箱。

(2)在通电情况下，钥匙旋到销售位，没有进行销售，直接按[#/开钱箱]键。

(3)在没有收银机钥匙或断电情况下，直接推拉钱箱的横杆，以手动方式打开钱箱。收银机出厂时，钱箱配锁，但是同一个厂家生产的收银机钱箱锁的钥匙是一样的。为安全起见，钱箱可以另外配锁，这样收银机的钱箱只能用特制的钥匙打开。

【任务操作步骤】

1. 设置收银员的系统标志流程图(见图6.10)。

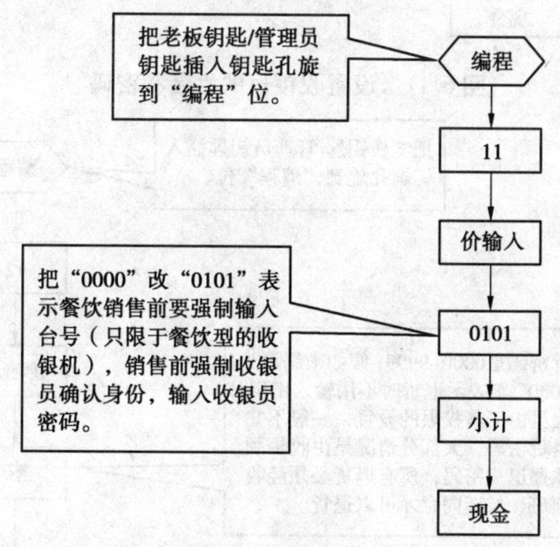

图6.10 更改收银员的系统标志

2. 设置收银员密码流程图(见图6.11)。

3. 设置“退货”密码流程图(见图6.12)。

4. 设置信用卡账号管理流程图(见图6.13)。

更改收银机系统信息的前提条件是把收银钥匙旋到“编程”的位置，设置收银员权限信息、退货权限信息、信用卡账号管理信息后一定要按[小计]键，这样做就表示“确认”新的信息，假如缺少这一步，所有新的信息将不更改，还是按照原来的出厂设置。更改完毕后，按[现金]键表示跳出“编程”状态。

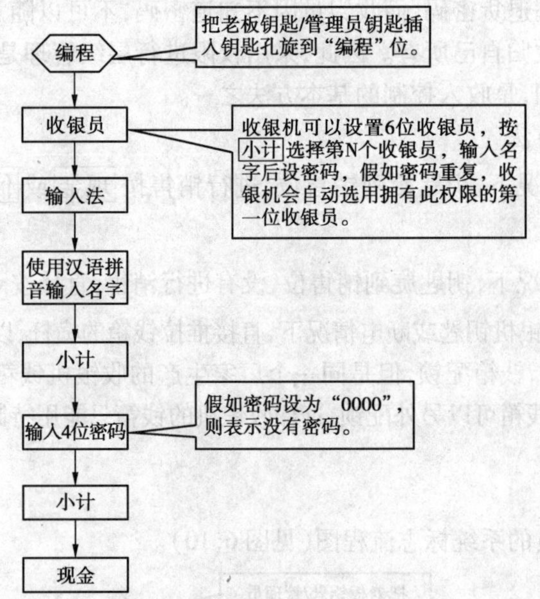

图 6.11　设置收银员的姓名和密码

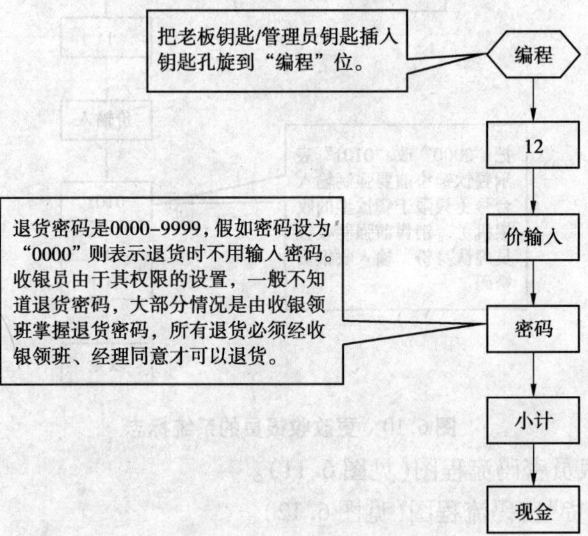

图 6.12　设置“退货”密码

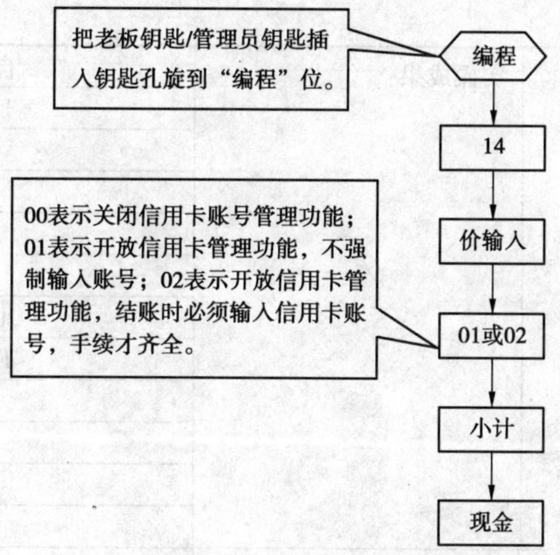

图 6.13　设置信用卡“账号”管理功能

【实践园地】

1. 填写饭店财务实操报告二(见表 6.4)。

表 6.4　设置收银员的权限信息

班别:	姓名:	学号:	月　日(星期　)
实操机型:		实操机位编号:	
实操主要目的: 1. 设置收银员姓名; 2. 设置收银员开机密码; 3. 设置“退货”密码步骤。			
实操要求: 1. 编程状态下,设置收银员姓名; 2. 设置收银员开机密码; 3. 在账单收银员的位置上打印自己名字。			

续表

<table>
<tr><td rowspan="12">实操步骤：</td><td rowspan="12">实操成果：</td><td>自我评价</td></tr>
<tr><td>Excellent</td></tr>
<tr><td>Good</td></tr>
<tr><td>OK</td></tr>
<tr><td>Fail</td></tr>
<tr><td></td></tr>
<tr><td>小组评价</td></tr>
<tr><td>Excellent</td></tr>
<tr><td>Good</td></tr>
<tr><td>OK</td></tr>
<tr><td>Fail</td></tr>
<tr><td></td></tr>
<tr><td colspan="2" rowspan="3">遇到的困难：</td><td>综合评价</td></tr>
<tr><td>Excellent</td></tr>
<tr><td>Good</td></tr>
<tr><td colspan="2" rowspan="3">解决的方法：</td><td>OK</td></tr>
<tr><td>Fail</td></tr>
<tr><td></td></tr>
</table>

2. 设置收银员的权限信息技能评价(见表6.5)。

表6.5　设置收银员的权限信息技能评价表

<table>
<tr><td>被考评人</td><td></td><td>班别</td><td></td><td>学号</td><td></td></tr>
<tr><td>考评地点</td><td colspan="5"></td></tr>
<tr><td>考评内容</td><td colspan="5">设置收银员的权限信息</td></tr>
<tr><td rowspan="6">考评标准</td><td>内　容</td><td>分值/分</td><td>自我评价/分</td><td>小组评议/分</td><td>实际得分/分</td></tr>
<tr><td>读取其他收银员权限</td><td>20</td><td></td><td></td><td></td></tr>
<tr><td>增设自己的收银权限</td><td>20</td><td></td><td></td><td></td></tr>
<tr><td>设置退货的口令</td><td>20</td><td></td><td></td><td></td></tr>
<tr><td>销售状况下运用自己的口令进行正常的销售</td><td>20</td><td></td><td></td><td></td></tr>
<tr><td>进行退货操作</td><td>20</td><td></td><td></td><td></td></tr>
<tr><td colspan="2">合　计</td><td>100</td><td></td><td></td><td></td></tr>
</table>

注:1. 实际得分 = 自我评价 40% + 小组评价 60%。

2. 考评满分为 100 分,60 ~ 74 分为及格;75 ~ 84 分为良好;85 分以上为优秀(包括 85 分)。

【想一想】

不同的收银机钥匙代表着不同的权限，收银员钥匙可以进行锁机、销售操作和打印 X 模式报表。管理员钥匙进行锁机、销售操作、打印 X 模式报表、Z 模式报表和设置收银机系统参数。老板钥匙进行锁机、销售操作、打印 X 模式报表、Z 模式报表、设置收银机系统参数和模拟训练，其数据不储存、不统计。

老板钥匙可以在编程状态下查看收银员设置的密码，可以使用该密码权限，并按 收银员 键，以该收银员的身份登录收银机。

任务三　设置收据头尾信息

【学习目标】

①进入系统编程状态，更改收据头尾的打印行数。

②准确、快捷地设置收据头和收据尾的信息。

【前置任务】

假如你要开一家饮食店，怎样设计收据头和收据尾的信息比较好呢？

【教学条件】

①资料准备：收银实操报告三（收据头尾的信息设置）。

②物品准备：每人一台收银机、收银机老板钥匙一把、固体胶水、收银实操报告各一份。

③场地准备：饭店财务操作室。

④分组安排：每组六人，按学号坐在相应的收银机机位上，实操领班一名。实操领班负责收发收银机钥匙、分发报告、检查机位卫生、收操前后的收银设备是否正常运行、督促组员把实操成果粘在报告上，填写操作步骤并带领组员进行小组评议。实操课结束前，填写实操室使用登记表。

⑤学时安排：3 学时。

【相关知识】

一、POS 收银系统

POS 收银系统在当今的零售行业、餐饮行业、酒店行业被广泛使用,它是以后台电脑、商品编码和条码为基础,以电子收银机和条码扫描器为前台工具,配合其他电子设备(如磁卡阅读器、IC 卡阅读器)共同构成一个收款系统。POS 收银系统主要由电子收银机、收款软件和后台电脑三部分组成。它能实现高效率的销售统计、结账汇总、仓库储存的统计等,使高层管理者迅速、准确、详细地掌握商品流通过程中的数据,对企业的财务预算做出合理的指引。

二、电子收银机的产生

在 1879 年,美国的詹敏斯·利迪和约翰·利迪兄弟制造了世界上最早的收银机,它的主要功能是记录营业备忘和监督雇员是否有不轨行为。

20 世纪 60 年代,日本成功地研制了 ECR 电子收银机,该收银机具有智能化、网络化的多功能特点,迅速成为商业领域中进行商品管理、账务管理、劳务管理的有效工具。

20 世纪 80 年代,出现了第三代收银机,随着商业专用终端系统 POS 收银系统的产生,通过网络把计算机硬件和软件集成,形成一个智能型、可独立操作的商业小循环系统。

三、收银机的分类

在 2000 年,国家质量技术监督局制定颁布了《电子收款机通用规范》(GB/T 18240—2000)。这个规范根据收款机的技术特性,将收款机分为普通型电子收款机、在线型电子收款机、微机型电子收款机、税控电子收款机 4 个类型。

(1)普通电子收款机(Ordinary ECR)是指在收款作业中能进行金额管理和商品跟踪管理的电子收款机。普通电子收款机又分为普通数字收款机和普通中文收款机,其基本特点是不具备联网功能。

(2)在线型电子收款机(On-Line ECR)是指在收款作业中能进行金额管理、商品管理、通信联网,并具有外设接口的电子收款机(见图 6.14、图 6.15)。

(3)微机型电子收款机(PC-Based ECR)是指利用开放的微型计算机技术,通

图 6.14 ECR 收银机

图 6.15 收银机操作室

过操作系统，在能够实现收款、管理等作业的应用软件支持下的电子收款机。

(4)税控电子收款机(Fiscal Control ECR)是指具有税控专用模块的电子收款机。该模块采用非易失性存储器件，用于存储有关营业数据。

四、更改收银机走纸行数的流程图(见图 6.16)

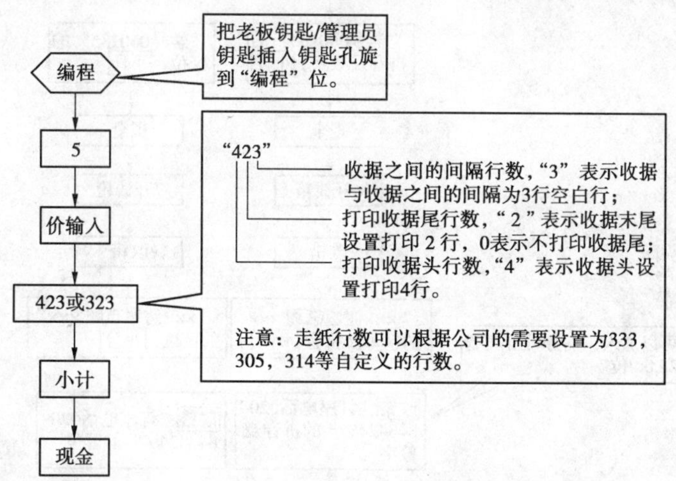

图 6.16 更改走纸行数

五、设置收据头尾信息(见图 6.17)

收据头尾虽然不起眼，但它却从小的方面体现出餐饮企业的细节管理是否做到位，如“订座电话”可以给潜在消费者订座、订餐信息，起到宣传的作用。掌握更改收据头尾信息的技能是每位收银员应掌握的基本技能，因为不同阶段公司的经营重点各有不同，为适应餐饮企业的阶段性要求，收银员应及时调整收据头尾的信息。收银机的机型不尽相同，设置收银头尾大体上是相似的。

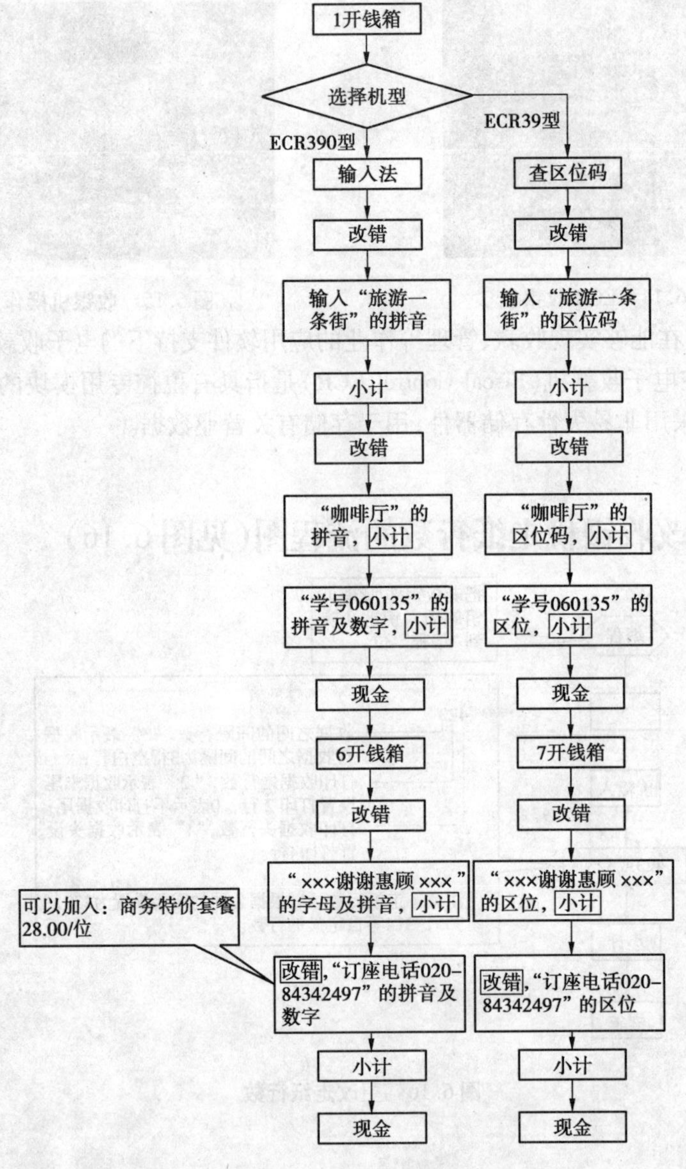

图6.17 设置收据头尾的信息

例如需要更改第三行信息的，直接按“3”“开钱箱”，然后输入餐饮企业的新资料，再按“小计”（确认）、“现金”（跳出）编程状态。

不同款式的电子收银机的输入方法各有不同，常见的有汉语拼音输入法、汉字代码输入法、英文字母输入法、PDA手写输入法等。例如编辑“咖啡厅”三个字，要求放大、居中的情况下，操作ECR39CT中文电子收款机，先按“改错”，

然后按空格代码“20”加上咖啡厅的代码，即“20 20 20 BFA7 20 B7C8 20 CCFC 20 20 20”；操作 ECR390CT 中文电子收款机，则先按“改错”“输入法”，然后按“信用卡”键，把拼音输入法转换成字母输入法，按“下翻”键三次，表示空三个空格，再按“信用卡”键，将字母输入法转换成拼音输入法，输入“咖啡厅”三个字。

【任务操作步骤】

1. 按[5]，[价输入]，设置收银机走纸行数为“423”“333”。

2. 按[1]，[开钱箱]，根据公司要求更改信息。

3. 输入每行的信息后，按[小计]表示确认。

4. 按[现金]退出编程程序，返回主菜单。

5. 旋转老板钥匙，到销售状态下，进行模拟销售。

【操作注意事项】

输入信息时，按照图实操过程正确操作，设置信息时要细心、专心，并注意编程状态下的按键功能：

1. [数字 N] [开钱箱]——更改第 N 行的收据头尾信息。

2. 按[输入法]后默认——整行正常小字体。

3. 按第一次[改错]——整行字体放大。

4. 按第二次[改错]——第一个字放大，第二个字变为正常缩小字体。

5. 按第三次[改错]——整行正常小字体。

6. 更改第 N 行的收据头尾的字体的快捷方式：

直接按[N]行→[开钱箱]→[改错]→[现金]→[测试效果]

7. [输入法]——默认汉语拼音输入法。

8. [信用卡]——拼音、字母、PDA 手写输入、数字输入法的相互转换。

9. [小计]——信息录入后，表示“确认”。

10. [现金]——表示“跳出”编程状态。

【实践园地】

1. 完成饭店财务实操报告三(见表6.6)。

表6.6　设置收银收据头尾信息

<table>
<tr><td>班别:</td><td>姓名:</td><td colspan="2">学号:</td><td>月　日(星期　)</td></tr>
<tr><td colspan="2">实操机型:</td><td colspan="3">实操机位编号:</td></tr>
<tr><td colspan="5">实操主要目的:
1. 更改收据头尾的打印行数;
2. 设置收据头的信息;
3. 设置收据尾的信息。</td></tr>
<tr><td colspan="5">实操要求:
1. 把收据头尾打印行数更改为"333"。
2. 设置收据头:
第一行:旅游一条街(放大字体,居中);
第二行:咖啡厅(放大字体,居中);
第三行:学号 050233(正常字体)。
3. 设置收据尾:
第六行:×××谢谢惠顾×××(放大字体,居中);
第七行:订座电话 84342497(放大字体);
第八行:二十款特价商务套餐,28.00/位。</td></tr>
<tr><td rowspan="2">实操步骤:</td><td colspan="3" rowspan="2">实操成果:</td><td>自我评价
Excellent
Good
OK
Fail</td></tr>
<tr><td>小组评价
Excellent
Good
OK
Fail</td></tr>
<tr><td colspan="4">遇到的困难:</td><td rowspan="2">综合评价
Excellent
Good
OK
Fail</td></tr>
<tr><td colspan="4">解决的方法:</td></tr>
</table>

2. 设置收银收据头尾信息技能评价(见表6.7)。

表6.7　设置收银收据头尾信息技能评价表

被考评人		班别		学号	
考评地点					
考评内容	设置收银收据头尾信息				
考评标准	内　容	分值/分	自我评价/分	小组评议/分	实际得分/分
	更改收据头尾的打印行数	20			
	根据实操报告三增设收据头的资料	20			
	根据实操报告三增设订座电话的资料	20			
	输入“二十款特价的商务套餐28.00/位”	20			
	模拟销售,打印完整的收据头尾信息	20			
合　计		100			

注:1. 实际得分 = 自我评价40% + 小组评价60%。

2. 考评满分为100分,60~74分为及格;75~84分为良好;85分以上为优秀(包括85分)。

任务四　设置商品信息

【学习目标】

①以中式餐厅菜单为例,录入菜肴品种的信息。

②建立菜单PLU数据库。

【前置任务】

收集30个商品信息和50个菜肴信息,并且编制该种信息的代码。

【教学条件】

①资料准备:为每位参加实训的同学准备收银实操报告一份、菜单及酒水牌各一份(包括具体的名称、价钱),对菜肴、酒水按流水号制订编码。

②物品准备:每人一台收银机、收银机老板钥匙一把、固体胶水。

③场地准备:饭店财务操作室。

④分组安排:每组六人,按学号坐在相应的收银机机位上。每组设实操领班一名。

⑤学时安排:4 学时。

【相关知识】

一、商品信息的分类管理

1. 产品的分类管理

以中餐为例,餐厅提供的产品可分为厨房、海鲜、酒水、点心四大类,各大类下又包含各自的商品细项。把四大类划分为:厨房是 部门1 、海鲜是 部门2 、酒水是 部门3 、点心是 部门4 。以厨房为例,所提供的产品分为明档、小炒、汤类、凉菜等。饭市的明档提供白切鸡、酱油鸡、烧鹅、乳猪、金钱肚、叉烧、鹅翼等;小炒包括餐厅供应的特色炒菜,如松子玉米炒丁、盐焗猪肚、蒜蓉炒菠菜、特色牛仔骨等;汤类包括广东的老火靓汤,如五指毛桃煲鸡、西洋菜煲陈肾、板栗煲猪肚、青红萝卜煲猪腱等;凉菜品种包括拍黄瓜、凉拌海蛰、酸木瓜、酸萝卜、酸荞头、淮盐花生等。餐厅提供的产品种类繁多,按大类划分后,便于商品销售的统计、核算,能更有效地进行收银管理。

2. 电子收银机的部门管理

"部门"主要是对商品的 PLU 进行分类管理。在编程位,按部门 N,就可以对该部门的价格、属性、名称进行设置。用于对商品分类管理的部门价格不必设置金额,其金额为"0.00"。假如把部门 N 作为快捷键进行销售,可以设置商品价格,但使用部门做销售时,收据上只打印出部门的名称,不能打印出具体商品的名称,要打印商品的具体名称,必须使用 价目表 键进行销售。

二、部门及商品功能属性的设置(见图 6.18)

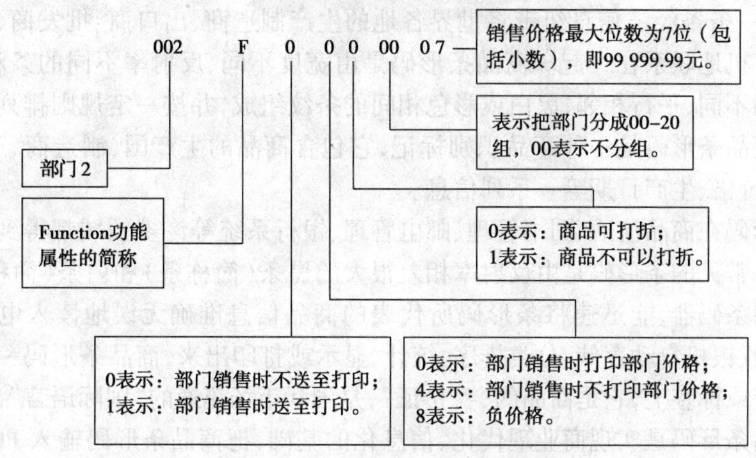

图 6.18　部门及商品的功能属性

三、商品编码和商品条形码

1. 商品编码

商品编码又称“店内码”，是餐厅、饭店、洗衣店等服务型企业为满足对服务产品的自动化管理而编制的一组数字代码或编号。其主要的目的是企业为方便计算机对所提供的服务产品进行分类管理，通过输入店内唯一的商品编码，电子收银机就可查询出价格、品名、归属类别、销售的数量、菜肴原料库存数量、供应商、客房的种类、已开房的数量、当天没有售出的房间数量，等等。商品编码在 POS 收银系统中又称为 PLU(Price Look Up)，其本义是查找价格，在收银机上体现为编码商品的价目表。当收银员输入服务项目或菜肴名称的编码后按[价目表]键，收银机会马上显示该服务产品的品名、价格、类别等价目信息。利用商品编码进行销售的方式又称为 PLU 销售方式。收银机与电脑实施远程联网，管理者的计算机随时了解经营情况、经营品种的变化、库存原料的情况等，并可随时调整追加货源，当某种菜肴的销售长期停滞时，可撤销该菜肴并删除收银机中该菜肴的 PLU 信息。在编程权限中，按[价目表]可以打印电子收银机所有的 PLU 资料。

2. 商品条形码

在经济全球化、信息网络化、生活国际化、文化国土化的资讯社会到来之时，起源于20世纪40年代、研究于60年代、应用于70年代、普及于80年代的条码与条码技术，以及各种应用系统，引起世界流通领域里的大变革正风靡世界。条码作为一种可印制的计算机语言、被称之为“计算机文化”。印刷在商品外包装上的条码，像一条条经济信息纽带将世界各地的生产制造商、出口商、批发商、零售商和顾客有机地联系在一起。商品条形码是由宽度不同、反射率不同的条和空，由一组粗细不同、平行相邻、黑白或彩色相间的条纹组成，并按一定规则排列的特殊符号。商品条形码是一种商品识别标记，它包含商品的生产国、制造商、产地、品名、销售价格、生产日期等一系列信息。

条形码在商品流通、图书管理、邮电管理、银行系统等许多领域都得到了广泛的应用。常见的条形码是由反射率相差很大的黑条（简称条）和白条（简称空）组成。使用条码器，能迅速将条形码所代表的商品信息准确无误地读入电子收银机，并由收银机自动存储、分类排序、统计、显示或打印出来，商品条形码一般印在商品包装或标签上，它是商品的“身份证”，是国际市场流通的“国际语言”。

商品条形码是实现商业现代化、信息化的基础，把商品条形码输入POS收银系统，不仅可以实现售货、仓储和订货的自动化管理，而且也能在产、供、销环节中及时传递销售信息。商品条形码分为两大类，一是国际通用的EAN条形码，二是美加通用的UPC条形码。欧洲物品编码协会（EAN），1981年该协会已发展成国际性组织，更名为国际物品编码协会（IEN），但由于习惯和历史原因，至今继续沿用EAN，条形码划分为标准版EAN-13码和缩短版EAN-8码。

EAN-13码代表的意思（见图6.19）：

第1—3位字符是国别码，代表着商品所在的国家或地区；

第4—7位字符是厂商码，代表着生产商品的厂家；

第8—12位字符是产品码，代表商品的代码；

第13位字符是校验码，表示扫描成功。

EAN-8码代表的意思（见图6.20）：

图6.19　EAN-13位码

图6.20　EAN-8位码

第1—2位字符是国别码，代表着商品所在的国家或地区；

第3—7位字符是产品码，代表商品的代码；

第8位字符是校验码，表示扫描成功。

我国在1988年12月成立“中国物品编码中心”，1991年4月正式申请加入国际编码组织协会。690，691，692为首的条形码则表示是中国商品的代码。

四、设置"部门2"为厨房类菜肴的步骤(见图6.21)

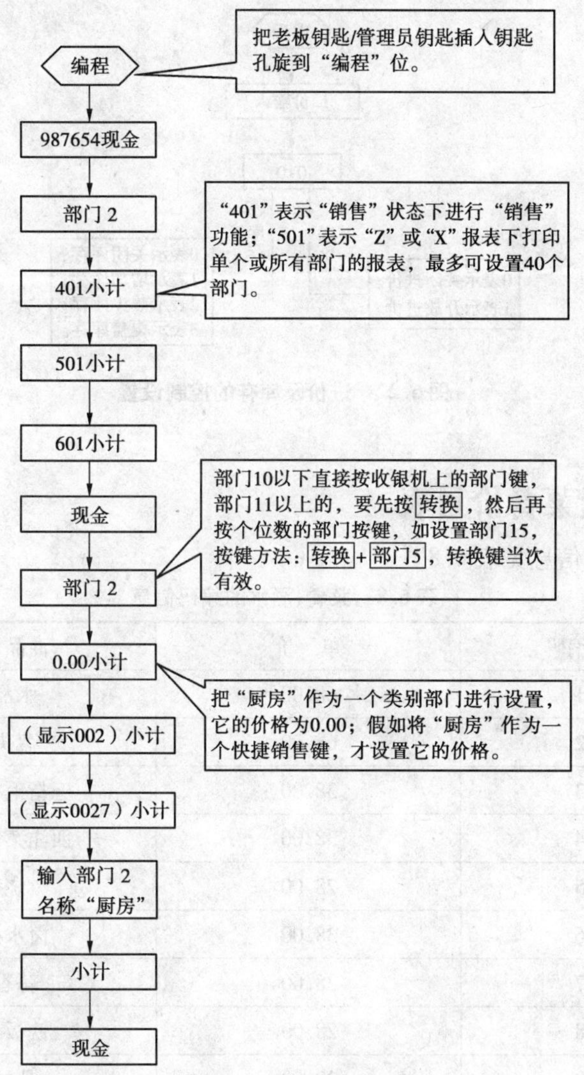

图6.21 设置部门2的属性为"厨房"类

五、开放商品库存及进价控制(见图6.22)

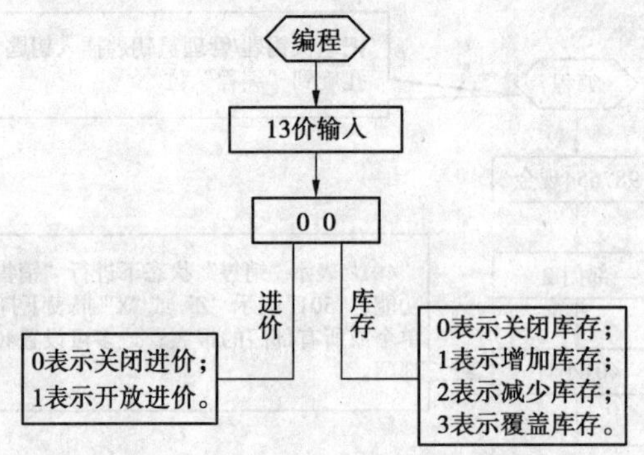

图6.22　进价及库存的控制设置

六、设置菜肴价目表

菜肴、酒水信息见表6.8。

表6.8　菜肴、酒水的编码信息

菜肴编码	单　价	商品名称
101	68.00	水晶鸡
102	68.00	葱头鸡
103	38.00	五指毛桃煲鸡
104	38.00	西洋菜煲陈肾
105	28.00	烧鹅
106	38.00	卤水拼盘
107	28.00	蒜香骨
108	28.00	铁板牛肉
109	22.00	一品豆腐煲
110	28.00	萝卜牛腩煲
111	28.00	羊肉煲
112	18.00	上汤豆苗
113	18.00	腊味炒芥兰片

续表

菜肴编码	单　价	商品名称
114	15.00	生炒菜心
115	15.00	蒜蓉炒菠菜
116	1.50	金银馒头
117	10.00	珠江纯生
118	10.00	青岛纯生
119	10.00	可口可乐(大)
120	2.00	白饭
121	2.00	茶位
122	1.00	纸巾

七、设置菜肴信息步骤

设置菜肴信息步骤(见图6.23)。设置商品的PLU信息时,注意第一步先设置部门的名称,把商品分成几大类别,在大类中分小类,在小类中分细项,层叠式的分类能明确商品所属的部门,便于查找,及时反映菜肴、酒水的销售量,有利于营业销售的统计分析。如图6.24,中餐饭市菜肴酒水分类层叠图,有效地把各种各样的菜肴、酒水分类,方便统计销售情况。

第二步,要合理地设置部门的名称、部门的功能属性:菜肴可否打折、单项商品的销售价格的位数(包括小数点在内,最多设8位数)、是否开放菜肴、酒水的进货价格、库存数量的功能属性等。

第三步,设置具体商品的PLU信息,包括品名、价格、分属部门、进货价格、库存数量、是否属于普通商品、是否属于赠送商品等信息。连续输入PLU商品信息要记得按[小计]表示确认,一个信息录入完毕后自动进入另一商品信息的录入;若要退出信息录入,则按[现金]跳出编程状态;发现当中一项商品信息出错,在编程状态下按该商品的代码及[价目表],则可对它进行修改。

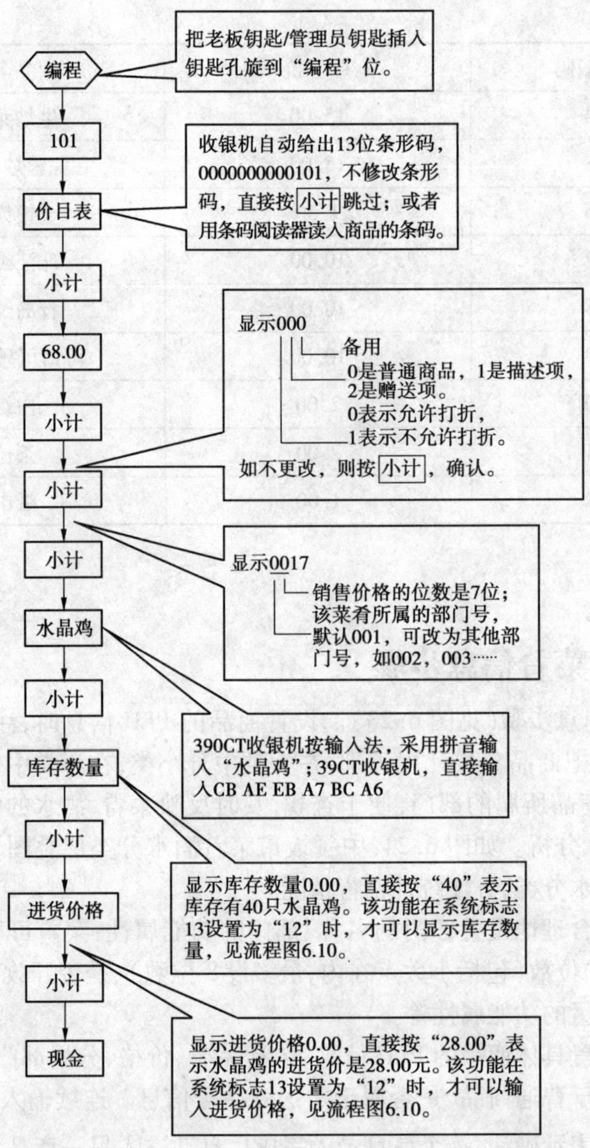
编程
把老板钥匙/管理员钥匙插入钥匙孔旋到“编程”位。
101
收银机自动给出13位条形码，0000000000101，不修改条形码，直接按小计跳过；或者用条码阅读器读入商品的条码。
价目表
小计
68.00
小计
显示000
备用
0是普通商品，1是描述项，2是赠送项。
0表示允许打折，1表示不允许打折。
如不更改，则按小计，确认。
小计
小计
显示0017
销售价格的位数是7位；
该菜肴所属的部门号，默认001，可改为其他部门号，如002，003……
水晶鸡
小计
390CT收银机按输入法，采用拼音输入“水晶鸡”；39CT收银机，直接输入CB AE EB A7 BC A6
库存数量
小计
显示库存数量0.00，直接按“40”表示库存有40只水晶鸡。该功能在系统标志13设置为“12”时，才可以显示库存数量，见流程图6.10。
进货价格
小计
显示进货价格0.00，直接按“28.00”表示水晶鸡的进货价是28.00元。该功能在系统标志13设置为“12”时，才可以输入进货价格，见流程图6.10。
现金

图 6.23　设置商品信息

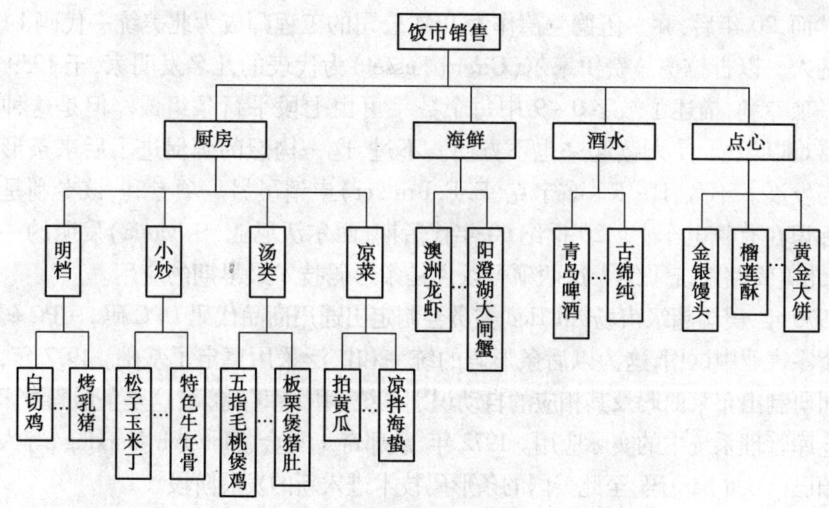

图 6.24　中餐饭市菜肴酒水分类层叠图

【任务操作步骤】

1. 设置部门属性。

2. 进入商品信息录入状态。

3. 设置各种商品名称、商品编码、价格和商品名称。

4. 按[小计]确认,[现金]返回主菜单。

【操作注意事项】

1. 普通商品的最大销售价格是 99 999.99,超过此数额,无效。

2. 商品条码可以使用收银机预设条码,也可以使用条码枪,快速录入商品的条码。

3. 模拟销售时,按商品编码、商品条码,收银机会自动累计商品的数额、数量,并打印商品名称。

【课外阅读知识】

条形码的发展

早在 20 世纪 40 年代,美国乔·伍德兰德(Joe Wood Land)和伯尼·西尔沃(Berny Silver)两位工程师就开始研究用代码表示食品项目及相应的自动识别设备,于 1949 年获得了美国专利。该图案很像微型射箭靶,被叫作“公牛眼”代码。在原理上,“公牛眼”代码与后来的条形码很相近,遗憾的是当时的工艺和商品经济还没有能力印制出这种码。

然而,20 年后,乔·伍德兰德作为 IBM 公司的工程师成为北美统一代码 UPC 码的奠基人。以吉拉德·费伊塞尔(Girard Fessel)为代表的几名发明家,于 1959 年提请了一项专利,描述了数字 0 ~9 中每个数字可由七段平行条组成。但是这种编码使机器难以识读,使人读起来也不方便。不过,这一构想的确促进了后来条形码的产生与发展。不久,E·F·布宁克(E. F. Brinker)申请了另一项专利,该专利是将条形码标识在有轨电车上。20 世纪 60 年代后期,西尔沃尼亚(Sylvania)发明的一个系统,被北美铁路系统采纳。这两项可以说是条形码技术最早期的应用。

1970 年,美国超级市场 Ad Hoc 委员会制定出通用商品代码 UPC 码。UPC 码首先在杂货零售业中试用,这为以后条形码的统一和广泛采用奠定了基础。1977 年,布莱西公司研制出布莱西码及其相应的自动识别系统,用作库存验算,这是条形码技术第一次在仓库管理系统中的实际应用。1972 年,蒙那奇·马金(Monarch Marking)等人研制出库德巴(Code bar)码,至此美国的条形码技术进入新的发展阶段。

1977 年,欧洲共同体在 UPC-A 码的基础上制定出欧洲物品编码 EAN-13 和 EAN-8 码,签署了“欧洲物品编码”协议备忘录,并正式成立了欧洲物品编码协会(简称 EAN)。到了 1981 年由于 EAN 已经发展成为一个国际性组织,故改名为“国际物品编码协会”,简称 IAN。但由于历史原因和习惯,至今仍称为 EAN。

日本从 1974 年开始着手建立 POS 系统,研究标准化以及信息输入方式、印制技术等。并在 EAN 基础上,于 1978 年制定出日本物品编码 JAN。从 20 世纪 80 年代初,人们围绕提高条形码符号的信息密度,开展了多项研究。接着特德·威廉斯(Ted Williams)推出 16K 码,这是一种适用于激光系统的码制。到目前为止,共有 40 多种条形码码制,相应的自动识别设备和印刷技术也得到了长足的发展。

从 20 世纪 80 年代中期开始,我国一些高等院校、科研部门及一些出口企业,把条形码技术的研究和推广应用逐步提到议事日程。一些行业如图书、邮电、物资管理部门和外贸部门已开始使用条形码技术。

【实践园地】

1. 完成收银实操报告四(见表 6.9)。

表 6.9　设置普通商品信息

<table>
<tr><td>班别:</td><td>姓名:</td><td>学号:</td><td>月　日(星期　)</td></tr>
<tr><td colspan="2">实操机型:</td><td colspan="2">实操机位编号:</td></tr>
<tr><td colspan="4">实操主要目的:
1. 掌握设置菜单价目的信息过程;
2. 了解普通商品信息设置“000”“0017”所表达的意思。</td></tr>
</table>

续表

<table>
<tr><td colspan="3">实操要求：
1. 根据菜单，设置101—120号的商品信息。
如设置101号商品的步骤：
101——[价目表]——[小计]——68.00——[小计]——（ 000 ）——[小计]——（ 0017 ）——[小计]——输入“水晶鸡”——[小计]——[现金]
2. 设置过程中注意编号与菜单要对上号。
3. 设置完毕，进行模拟销售，即把钥匙旋到销售位置，按编号，再按[价目表]，编号，[价目表]……[小计]，[现金]收款。</td></tr>
<tr><td rowspan="12">实操步骤：</td><td rowspan="12">实操成果：</td><td>自我评价</td></tr>
<tr><td>Excellent</td></tr>
<tr><td>Good</td></tr>
<tr><td>OK</td></tr>
<tr><td>Fail</td></tr>
<tr><td></td></tr>
<tr><td>小组评价</td></tr>
<tr><td>Excellent</td></tr>
<tr><td>Good</td></tr>
<tr><td>OK</td></tr>
<tr><td>Fail</td></tr>
<tr><td></td></tr>
<tr><td colspan="2" rowspan="3">遇到的困难：</td><td>综合评价</td></tr>
<tr><td>Excellent</td></tr>
<tr><td>Good</td></tr>
<tr><td colspan="2" rowspan="3">解决的方法：</td><td>OK</td></tr>
<tr><td>Fail</td></tr>
<tr><td></td></tr>
</table>

2. 设置普通商品信息技能评价(见表6.10)。

表6.10　设置普通商品信息技能评价表

被考评人		班别		学号	
考评地点					
考评内容	设置普通商品信息				
考评标准	内　容	分值/分	自我评价/分	小组评议/分	实际得分/分
	设置普通商品信息	20			
	根据表6.8设置菜肴信息	20			
	根据表6.8设置酒水信息	20			
	根据表6.8设置茶、巾、饭信息	20			
	根据客人点菜单打印收银小票	20			
合　计		100			

注:1. 实际得分 = 自我评价40% + 小组评价60%。

2. 考评满分为100分,60~74分为及格;75~84分为良好;85分以上为优秀(包括85分)。

【想一想】

本活动主要学习以下内容:

1. 商品编码又称“店内码”,是餐厅、饭店、洗衣店等服务型企业为满足对服务产品的自动化管理而编制的一组数字代码或编号。

2. 条码作为一种可印制的计算机语言,被称为“计算机文化”。印刷在商品外包装上的条码,像一条条经济信息纽带将世界各地的生产制造商、出口商、批发商、零售商和顾客有机地联系在一起。

3. 设置商品、餐饮菜肴、酒水商品的名称、编码、价钱。

任务五　设置收银机的结账方式

【学习目标】

①设置信用卡的名称。

②更改部门5的属性为收款功能。

③设置部门5的名称为优惠券。

④设置折扣率分别是12%、10%、5%、2%,即8.8折、9折、9.5折、9.8折。

⑤设置服务费是15%。

【前置任务】

请收集你所见过的结账方式,在课堂上与同学一起交流。

【教学条件】

①资料准备:参加实训的同学每人一份设置结账方式的收银实操报告。

②物品准备:每人一台收银机、收银机老板钥匙一把、固体胶水。

③场地准备:饭店财务操作室。

④分组安排:每组六人,按学号坐在相应的收银机机位上。每组设实操领班一名,对组员的表现、实操成果进行评分。

⑤学时安排:2学时。

【相关知识】

一、功能键表达的信息

收银机的键盘可根据需要设置其功能,在设置功能前首先输入密码,才可以更改部门1—10功能键的信息,自定义键名及其功能值见表6.11。

表6.11 自定义键名与功能值

序号	模式1 (“销售”状态)	序号	模式2 (“X报表” “Z报表”位)	序号	模式3 (“编程”位)	说明
101	无功能	201	无功能	301	无功能	
102	[转换]	202	转换	302	转换	已预设
103	[价目表]	203	全部/单个PLU报表	303	PLU设置	已预设
104	[价输入]	204	周期报表	304	系统标志设置	已预设
105	[#/开钱箱]	205	清Z-汇总报表累计总额(仅“Z报表”位)	305	自定义汉字点阵	已预设
106	[乘/时间]	206	小时报表	306	日期/时间设置	已预设
107	[进账]	207		307		需自定义

续表

序号	模式1 （“销售”状态）	序号	模式2 （“X报表” “Z报表”位）	序号	模式3 （“编程”位）	说明
108	[出账]	208		308		需自定义
109	[折扣]	209	折扣日志	309	折扣率设置	已预设
110	[服务费]	210		310	服务费率设置	超市机使用（需自定义）
111	[收银员]	211	单个/全部收银员报表（仅“X报表”位）	311	收银员设置	已预设
112	[取消]	212	销售日志	312		已预设
113	[退货]	213	退货日志	313	预置演示信息	已预设
114	[改错]	214	“X报表”位打印库存报表/“Z报表”位清除库存	314	内存分配	已预设
115	[营业员]	215	单个/全部营业员报表（仅“X报表”位）	315	营业员设置	已预设
116	[优惠]	216		316	优惠设置	需自定义
117	[记账]	217		317		需自定义
118	[打印开关]	218		318		需自定义
119	[收据复打]	219	不打印，清全部报表（仅“Z报表”位）	319		
120	[加成]	220		320	加成设置	接受临时加收的现金（优惠的逆操作），需自定义
121	[暂挂]	221		321		超市机使用（需自定义）
122	[解除限制]	222		322		需自定义
123	[信用卡1]	223		323	信用卡设置	已预设

续表

序号	模式1 （"销售"状态）	序号	模式2 （"X报表" "Z报表"位）	序号	模式3 （"编程"位）	说明
124	［信用卡2］	224		324		需自定义
125	［外币1］	225		325	外币设置	需自定义
126	［外币2］	226		326		需自定义
127	［开台］	227	开台报表	327	开台设置	餐饮机使用
128	［挂账］	228	挂账信息 （仅"X报表"位）	328	收据头及尾设置	餐饮机使用
129	［开台账单］	229		329	"赠送商品"或 "描述项"关联设置	餐饮机使用
130	［分账］	230		330		餐饮机使用 （需自定义）
131	［转账］	231		331		餐饮机使用
132	［自定义码］	232	不打印，清指定报表 （仅"Z报表"位）	332		
401	［部门1］销售	501	单个/全部部门报表	601	［部门1］设置	最多可支持 40个部门
402	［部门2］销售	502		602	［部门2］设置	

二、390CT超市机键盘图（见图6.25），餐饮机键盘图（见图6.26）

走纸	A 7	B 8	C 9	D 价目表	E 乘/时间	F 部门4	G 部门8	H 部门10	I 转换
J 改错	4	K 5	L 6	M 价输入	N 收银员	O 部门3	P 部门7	Q 部门9	R 输入法
取消	1	2	3	S 折扣	T 营业员	U 部门2	V 部门6	信用卡	小计
清除	0	上翻 00	下翻 .	W 退货	X 开钱箱	Y 部门1	Z 部门5	现金	

图6.25 超市型收银机的键盘

走纸	7	8	9	价目表	乘/时间	部门4	开台/部门8	开台账单/部门10	转换
改错	4	5	6	价输入	收银员	部门3	挂账/部门7	转账/部门9	输入法
取消	1	2	3	折扣	服务费	部门2	优惠/部门6	信用卡	小计
消除	0	00	.	退货	#/开钱箱	部门1	部门5	现金	

图6.26 餐饮型收银机的键盘

除了有背景颜色的按键，其他按键可以根据需要进行自定义按键和功能值，更改功能值的密码是“987654”，按小计，进入修改按键功能值的状态，就可以修改它的功能值。

有背景颜色的按键与超市机的按键功能不同外，其余按键的功能与超市型收银机的功能相同。

三、更改部门5的功能属性为收款功能的流程图(见图6.27)

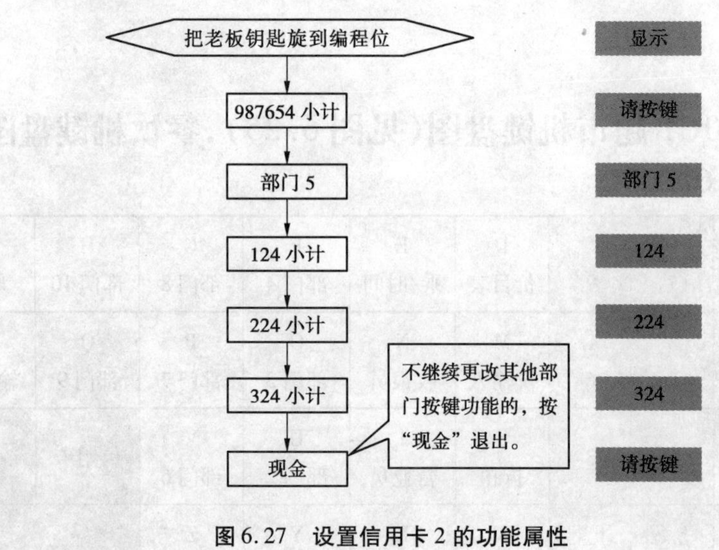

图6.27 设置信用卡2的功能属性

四、设置部门 5 的名称是“优惠券”的流程图(见图 6.28)

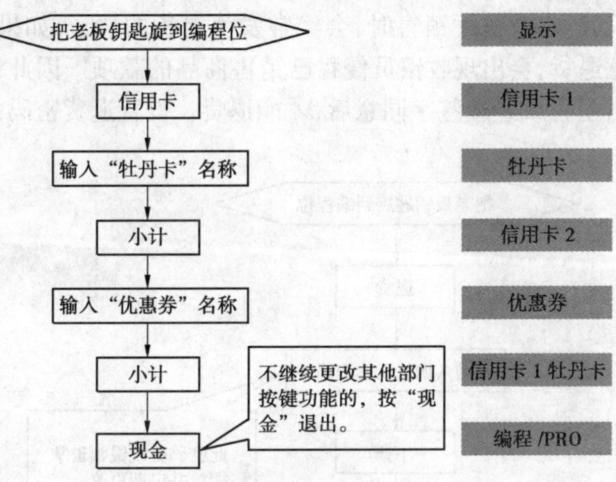

图 6.28 设置信用卡 1,2 的名称

五、设置折扣的比例(见图 6.29)

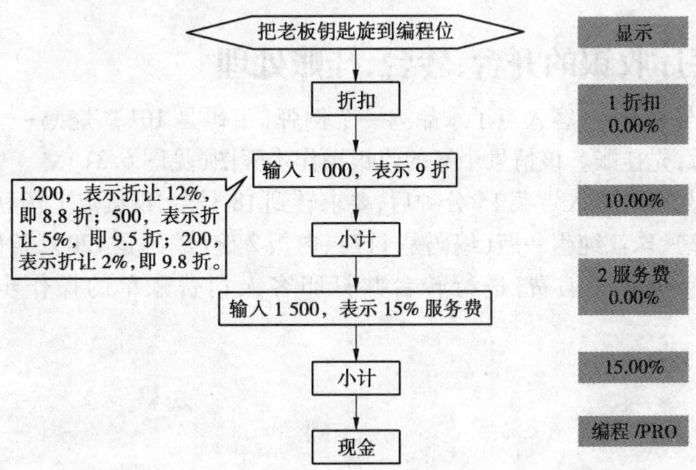

图 6.29 设置折扣比例

六、设置退货密码

由于在商场销售或餐厅销售时，会经常发生退货的情形，如果不设置退货权限，收银员随意退货，会出现收银员侵吞已销售商品的款项。因此，收银领班要掌握退货密码，由主管或经理签字同意后，才能退货。设置退货密码的步骤图(见图6.30)。

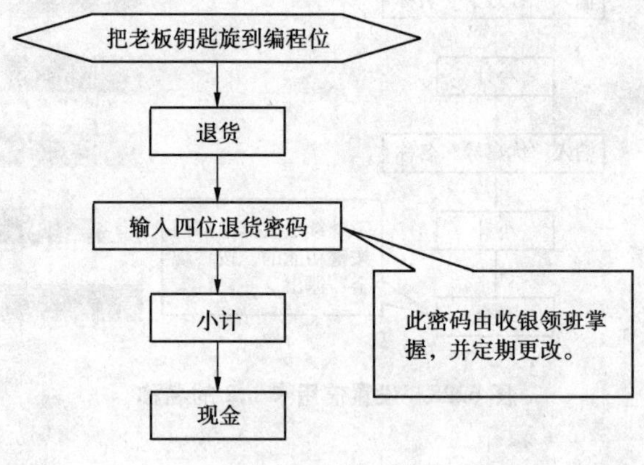

图6.30　设置退货密码

七、餐厅收银的开台、转台、挂账处理

(1)10号台开台，客人点了水晶鸡一个例牌(编码是101)、烧鹅一个例牌(编码是105)后，先挂账。该情景个案的收银操作步骤图(见图6.31)。

(2)10号台的客人点菜15分钟后，要求转到18号台，继续点上汤豆苗一例牌(编码是112)、珠江纯生一瓶(编码是117)、白饭2碗(编码是120)，茶位3人，请根据18号台客人的消费，进行转台并打印客人消费账单的操作步骤图(见图6.32)。

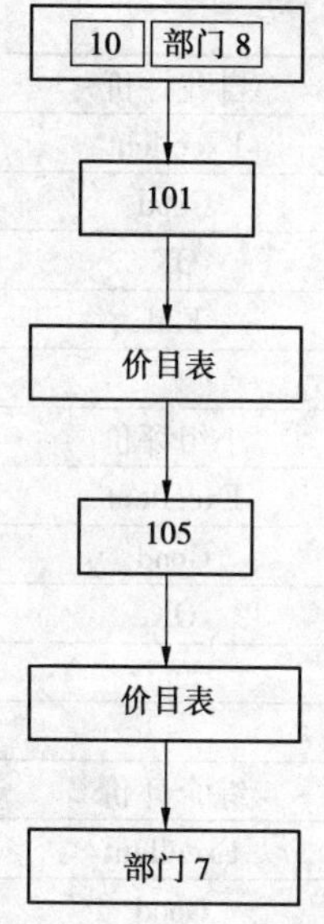

图 6.31　挂账步骤图

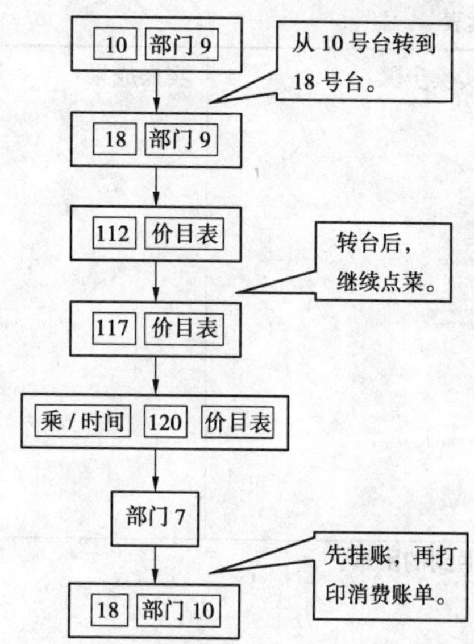

图 6.32　转台并打印消费账单步骤图

【操作注意事项】

1. 每设置一项信息后，要注意把钥匙旋到销售位，进行模拟销售，以检测信息设置是否正确。

2. 设置退货密码后，每次退一件商品之前，必须由收银领班按退货密码才可以进行退货操作，这是收银权限的一种体现。

【实践园地】

1. 完成收银实操报告五(见表 6.12)。

表 6.12　设置开台和转台账单

<table>
<tr><td>班别：</td><td>姓名：</td><td>学号：</td><td>月　日(星期　)</td></tr>
<tr><td colspan="2">实操机型：</td><td colspan="2">实操机位编号：</td></tr>
<tr><td colspan="4">实操主要目的：
1. 打印开台账单；
2. 打印转台账单。</td></tr>
<tr><td colspan="4">实操要求：
1. 部门 8 是“开台”；
2. 部门 7 是“挂账”，部门 9 是“转台”，先开台、挂账，后转台；
3. 把 10 号桌的账单转至 18 号台。</td></tr>
</table>

续表

<table>
<tr><td rowspan="11">实操步骤：</td><td rowspan="11">实操成果：</td><td>自我评价</td></tr>
<tr><td>Excellent</td></tr>
<tr><td>Good</td></tr>
<tr><td>OK</td></tr>
<tr><td>Fail</td></tr>
<tr><td></td></tr>
<tr><td>小组评价</td></tr>
<tr><td>Excellent</td></tr>
<tr><td>Good</td></tr>
<tr><td>OK</td></tr>
<tr><td>Fail</td></tr>
<tr><td colspan="2" rowspan="3">遇到的困难：</td><td>综合评价</td></tr>
<tr><td>Excellent</td></tr>
<tr><td>Good</td></tr>
<tr><td colspan="2" rowspan="3">解决的方法：</td><td>OK</td></tr>
<tr><td>Fail</td></tr>
<tr><td></td></tr>
</table>

2. 设置开台和转台账单技能评价(见表6.13)。

表6.13　设置开台和转台账单技能评价表

<table>
<tr><td>被考评人</td><td colspan="2"></td><td>班别</td><td></td><td>学号</td><td></td></tr>
<tr><td>考评地点</td><td colspan="6"></td></tr>
<tr><td>考评内容</td><td colspan="6">设置开台和转台账单</td></tr>
<tr><td rowspan="4">考评标准</td><td colspan="2">内　容</td><td>分值/分</td><td>自我评价/分</td><td>小组评议/分</td><td>实际得分/分</td></tr>
<tr><td colspan="2">设置开台账单</td><td>30</td><td></td><td></td><td></td></tr>
<tr><td colspan="2">设置挂账信息</td><td>30</td><td></td><td></td><td></td></tr>
<tr><td colspan="2">打印转台账单</td><td>40</td><td></td><td></td><td></td></tr>
<tr><td colspan="3">合　计</td><td>100</td><td></td><td></td><td></td></tr>
</table>

注:1. 实际得分 = 自我评价 40% + 小组评价 60%。

2. 考评满分为 100 分,60 ~ 74 分为及格;75 ~ 84 分为良好;85 分以上为优秀(包括 85 分)。

3. 完成收银实操报告六（见表 6.14）。

表 6.14 设置打折结账方式

<table>
<tr><td>班别：</td><td colspan="2">姓名：</td><td>学号：</td><td>月 日（星期 ）</td></tr>
<tr><td colspan="3">实操机型：</td><td colspan="2">实操机位编号：</td></tr>
<tr><td colspan="5">实操主要目的：
1. 设置信用卡名称；
2. 设置打折、服务费信息。</td></tr>
<tr><td colspan="5">实操要求：
1. 设置信用卡的名称；
2. 设置信用卡 1 名称为“牡丹卡”，信用卡 2 名称为“优惠券”；
3. 设置部门 1 的功能为港币，兑换比率是 1:1.05，即 0.952 38；
4. 设置部门 5 的名称为优惠券，更改部门 5 的属性为收款功能；
5. 设置折扣率分别为 12%、10%、5%、2%（即 8.8 折、9 折、9.5 折、9.8 折）；
6. 设置服务费是 15%。</td></tr>
<tr><td colspan="2" rowspan="13">实操步骤：</td><td colspan="2" rowspan="13">实操成果：</td><td>自我评价</td></tr>
<tr><td>Excellent</td></tr>
<tr><td>Good</td></tr>
<tr><td>OK</td></tr>
<tr><td>Fail</td></tr>
<tr><td></td></tr>
<tr><td></td></tr>
<tr><td>小组评价</td></tr>
<tr><td>Excellent</td></tr>
<tr><td>Good</td></tr>
<tr><td>OK</td></tr>
<tr><td>Fail</td></tr>
<tr><td></td></tr>
<tr><td colspan="4" rowspan="3">遇到的困难：</td><td>综合评价</td></tr>
<tr><td>Excellent</td></tr>
<tr><td>Good</td></tr>
<tr><td colspan="4" rowspan="3">解决的方法：</td><td>OK</td></tr>
<tr><td>Fail</td></tr>
<tr><td></td></tr>
</table>

4. 设置打折结账方式技能评价(见表 6.15)。

表 6.15　设置打折结账方式技能评价表

被考评人		班别		学号	
考评地点					
考评内容	设置打折结账方式				
考评标准	内　容	分值/分	自我评价/分	小组评议/分	实际得分/分
	设置信用卡结账信息	20			
	设置优惠券结账信息	20			
	设置打折结账信息	20			
	设置服务费结账信息	20			
	设置外币兑换比率	20			
合　计		100			

注:1. 实际得分 = 自我评价 40% + 小组评价 60%。

2. 考评满分为 100 分,60 ~ 74 分为及格;75 ~ 84 分为良好;85 分以上为优秀(包括 85 分)。

任务六　模拟销售商品

【学习目标】

①全部商品用现金结账。

②全部商品用信用卡结账。

③全部商品用现金支票结账。

④结算的商品部分用优惠券,其余款项用现金结账。

⑤结算的商品部分用优惠券,其余款项用信用卡结账。

⑥部分商品打 9 折,用信用卡结账。

⑦部分商品打 7 折,用现金结账。

⑧设置退货密码后,办理退货手续。

【前置任务】

收集 20 个商品的条形码,在模拟商品销售时使用。

【教学条件】

①资料准备:为每位参加实训的同学准备收银实操报告一份、客人的点菜单、酒水单各一份。

②物品准备:每人一台收银机、收银机老板钥匙一把、固体胶水。

③场地准备:饭店财务操作室。

④分组安排:每组六人,按学号坐在相应的收银机机位上。每组设实操领班一名,对组员的表现、实操成果进行评分。

⑤学时安排:2 学时。

【相关知识】

一、现金结账的注意事项

现金结账是商业企业最喜欢的结算方式之一,因为收到的款项可以马上用于生产经营中,有效地缩短了资金的周转周期,为企业的增收节资打下基础。但另一方面,收取大量的现金对收银员来说会产生较大的工作压力,接触金额越大,其责任越大,出错的几率随之增加,保管存放过多的现金,也有一定的风险。

1. 唱收唱付

现金结算时,收银员要注意唱收唱付,即收付现金时要报数量。有些餐厅规定,凡是对客结账的领班或服务生,收取客人大面额现金时,除了报钞票末尾的四位数字,并在账单上写上 50 元、100 元钞票末尾的四位数字。

2. 验钞

掌握徒手鉴别人民币真钞的本领,关键时刻,还要运用验钞机进行验钞。

3. 有充足的备用金找零

收银员上岗前要备足备用金找零,收到现金后,在账单上加盖“现金收讫”“PAID”的印章,把客单交给客人或由服务生交给客人。把记账联保存好,以备统计和稽核。

4. 开发票

做好开立发票的工作。服务行业的发票一般以定额发票(见图 6.33)为主,也有手工操作开具的不定额和发票打印机开具的不定额的程控税收发票(见图 6.34)。同时要保管好定额发票和空白发票,把印章、发票、现金优惠券等收银用品锁在保险柜里,每班开市前和收市后都要做好编号登记,防止空白发票的流失。

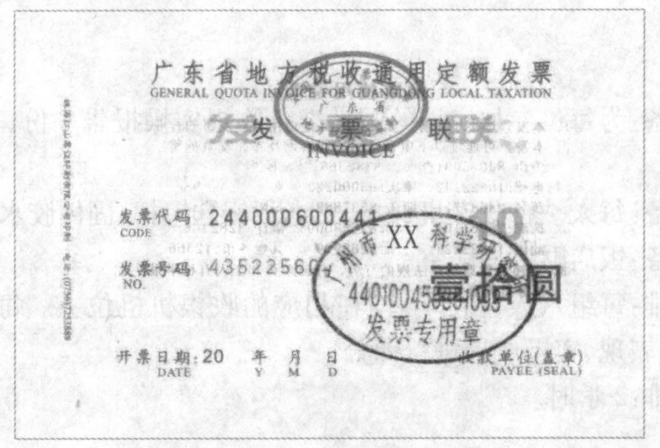

广东省地方税收通用定额发票

GENERAL QUOTA INVOICE FOR GUANGDONG LOCAL TAXATION

发 票 联

INVOICE

发票代码 244000600441
CODE

发票号码 4352256
NO.

壹拾圆

开票日期:20 年 月 日　　收款单位(盖章)
DATE Y M D　　PAYEE (SEAL)

图 6.33　10 元定额发票

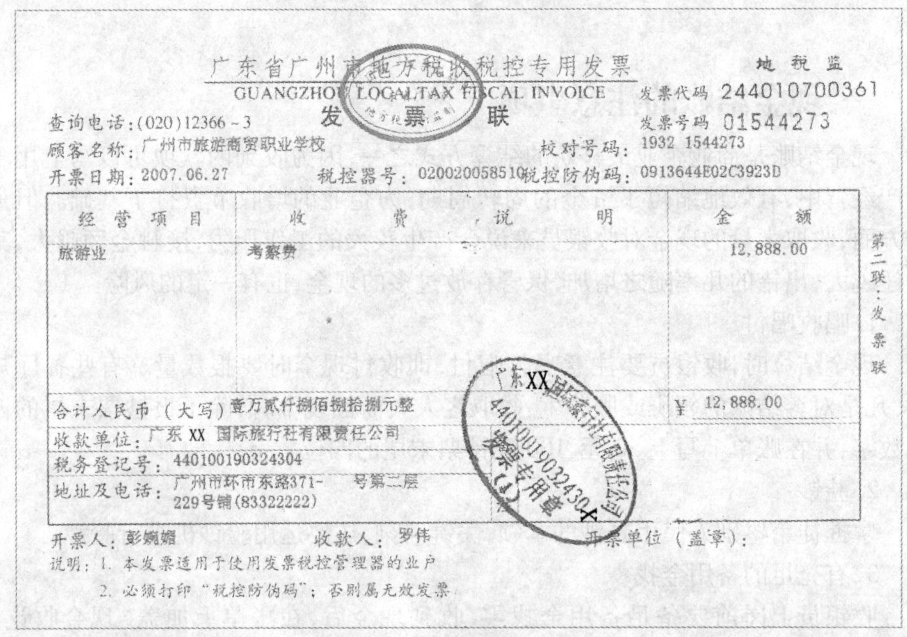

广东省广州市地方税收税控专用发票　　地 税 监

GUANGZHOU LOCALTAX FISCAL INVOICE　　发票代码 244010700361

发 票 联　　发票号码 01544273

查询电话:(020)12366－3

顾客名称:广州市旅游商贸职业学校　　校对号码:1932 1544273

开票日期:2007.06.27　　税控器号:020020058510　　税控防伪码:0913644E02C3923D

经营项目	收费说明	金额
旅游业	考察费	12,888.00
合计人民币(大写)	壹万贰仟捌佰捌拾捌元整	￥ 12,888.00
收款单位:	广东 XX 国际旅行社有限责任公司	
税务登记号:	440100190324304	
地址及电话:	广州市环市东路371－229号铺(83322222)　号第二层	

第二联:发票联

开票人:彭婉媚　　收款人:罗伟　　开票单位(盖章):

说明:1. 本发票适用于使用发票税控管理器的业户

2. 必须打印"税控防伪码";否则属无效发票

图 6.34　程控税收发票

5. 交班

收市后,收银员要打印当班的营业收入报表,填写"收银员收入明细表",遇到长款、短款要上报收银领班。

二、信用卡结账的注意事项

信用卡在当今被广泛使用,刷卡消费已经成为一种方便、快捷、安全的消费方

式。饭店、餐厅、商场、服装专卖店、旅行社、加油站等企业已加入银联组织，开通信用卡征信机（即 POS 机），专门满足客人刷卡需求。从企业的角度看，通过使用 POS 机能简化刷卡程序，对信用度差的持卡人刷卡或已报失的信用卡被刷卡的情况，能在短时间内获知信用卡能否刷卡，从而降低企业风险，减少刷卡后，收不到钱的情况。信用卡给人们的消费带来便捷，同时给收银员的工作带来较大的考验。信用卡结账时，应注意以下方面：

（1）刷卡前，检查信用卡的真伪。

（2）刷卡时，输入的消费金额与账单金额一致；向银联中心拨号是否超时；假如超时再拨时，向顾客解释清楚，未取得银联中心的授权号表示刷卡不成功，不会重复收取客人账户上的资金。

（3）注意核对客人签名与信用卡背面的持卡人预留签名的笔迹是否一致，假如笔迹不相同，要询问客人有关持卡人的相关信息，如姓名、身份证号码、工作单位或担保人的姓名等，避免失卡被盗用，甚至是恶意透支失卡。这一步，要求收银员工作细致、认真，对每一笔刷卡业务确保审核清楚，这是企业有效回收资金的重要保证之一。

（4）注意“四同”刷卡：同一卡、同一天、同一地点的同一班次，两次以上消费购物都不超过征信授权金额的刷卡行为，应引起收银员注意。对这种值得怀疑的刷卡行为，收银员要询问持卡人有关信用卡的问题，如个人卡就问刷卡人该信用卡是否有担保人，有担保人的，请提供担保人的姓名；假如是个人副卡的，可以问主卡人的姓名；倘若是单位卡的，要刷卡人提供单位的全称和地址等。通过严格把关，尽量避免信用卡被盗用后，被冒用刷卡的现象，避免企业与真正持卡人因此而引发的官司。

（5）通过信用卡征询授权，及时发现恶意透支使用信用卡和有欺诈行为的刷卡人。

三、现金支票结算的常识

1. 检查现金支票的有效性

根据 1996 年 1 月 1 日施行的《中华人民共和国票据法》第八十五条，有效的支票必须具备以下事项：

（1）表明“支票”的字样；

（2）无条件支付的委托；

（3）确定的金额；

（4）付款人的名称；

(5)出票日期;

(6)出票人签章。

第九十二条列明,支票的持票人应当自出票日起10日内提示付款。

2. 支票的分类

支票分为现金支票、转账支票、普通支票、划线支票。其中现金支票(见图6.35)只能做支取现金的用途。

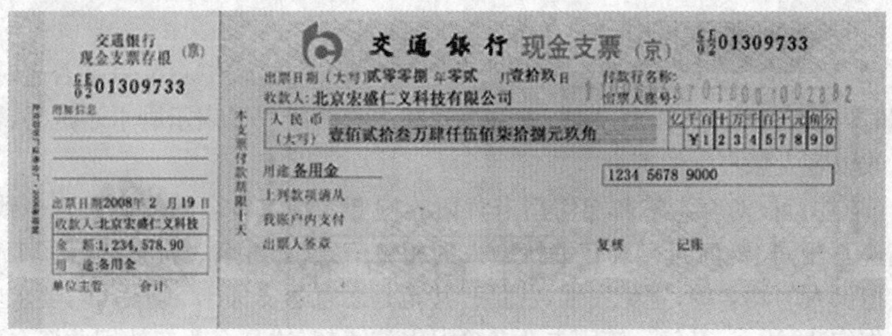

图6.35　交通银行现金支票的正面

转账支票(见图6.36)只能作转账;支票上没有印有“现金”或“转账”字样的是属于普通支票,该种支票既可支取现金,又可用来转账;在普通支票的左上角划上两条平衡线的,只能用作转账,不能支取现金。

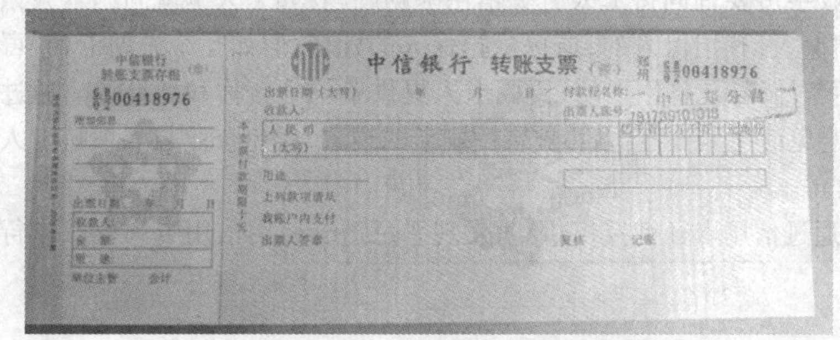

图6.36　中信银行转账支票

图6.37　支票打印机

3. 支票打印机

使用支票打印机(见图6.37),输入支票金额,在支票上输出的大写金额和大写日期完全符合中国人民银行的有关规定,避免因写法不规范而引起的支票退票。打印用的特种油墨,不怕水,耐酸、碱,难以涂改,可长期保存。打印日期和金额时,要注意支票小写金额框线对准定位刻线,以确保打印位置准确。

4. 二维条码

二维条码（见图6.38）是采用数学形式来储存信息的一种有效防伪技术，以其特有的图形表达、加密技术，把信息进行编码，并印制出来，达到防伪的作用。它的信息密度高、容量大，能把文字、照片、指纹、签字、声音等进行编码，能把信息以隐含方式，做成标签或以附属形式作为商品或有价证书的防伪标识，可印在普通纸张、不干胶、卡类等材料上。扫描二维条码时，把被识读的二维条码信息传递到PC电脑上，大大地提高信息录入速度，减少人为的失误，提高工作效率；另一方面，对信息部分进行外部加密，使造假者生成同样信息的二维码无法被识读器识读。

图6.38　二维条码加密信息

二维码技术以一种全新的自动识别技术和信息载体技术，被广泛地应用在银行、国防、海关、税务、交通、民用商品等领域。美国、加拿大等国的驾驶证、身份证、海关报关单大量地应用二维码技术；我国是国际条码组织的成员国，现代银行系统中，二维码的技术多应用在支票、汇票上，以达到防伪的作用。

四、结账的收银方式

1. 挂账（见图6.39），全单用现金结账（见图6.40）

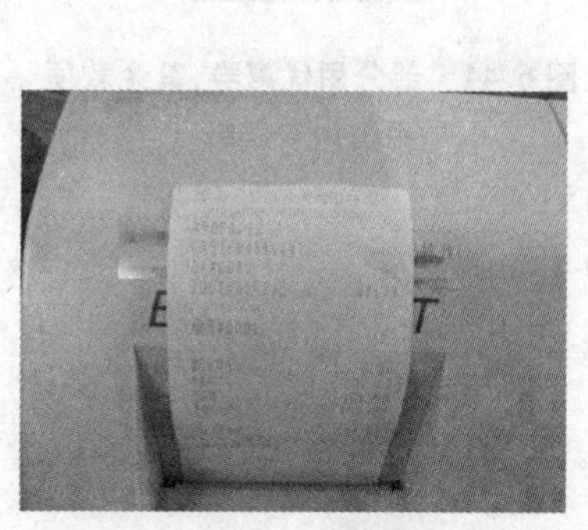

图6.39　挂账账单

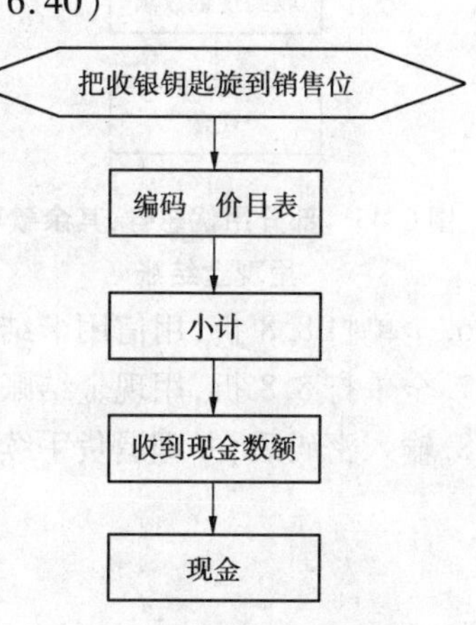

图6.40　全单用现金结账

2. 全单用信用卡结账(见图 6.41)

3. 全单用现金支票结账(见图 6.42)

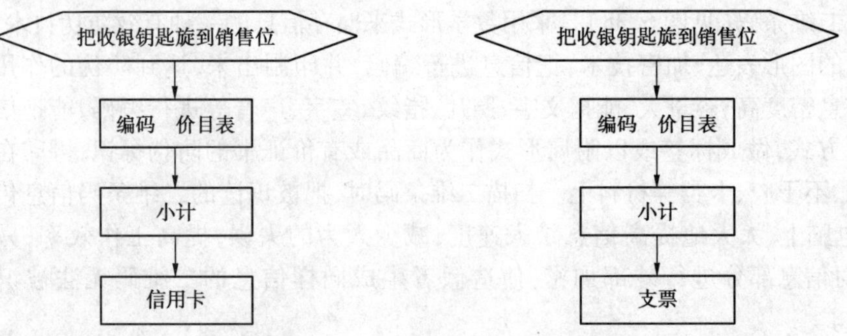

图 6.41　全单用信用卡结账　　图 6.42　全单用现金结账

4. 账单部分用优惠券,其余款项用现金结账(见图 6.43)

5. 账单部分用优惠券,其余款项用信用卡结账(见图 6.44)

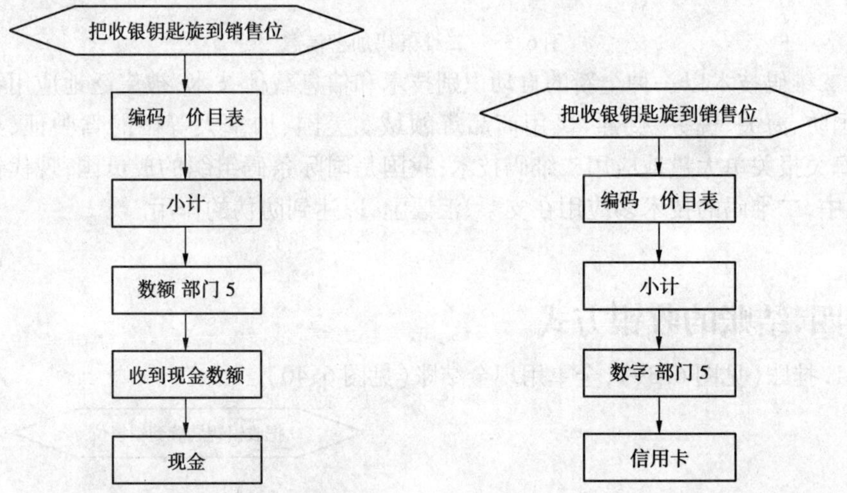

图 6.43　部分用优惠券,其余款项用现金结账　　图 6.44　部分用优惠券,其余款项用信用卡结账

6. 全单打 8.8 折,用信用卡结账(见图 6.45)

7. 全单打 8.8 折,用现金结账(见图 6.46)

8. 输入密码后,办理退货手续(见图 6.47)

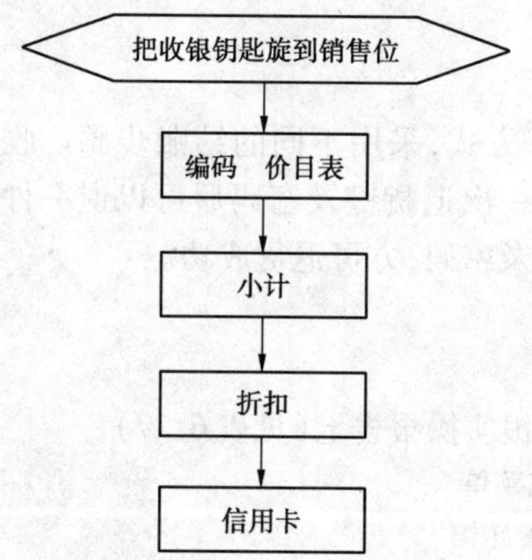

图 6.45　全单打 8.8 折，其余款项用信用卡结账

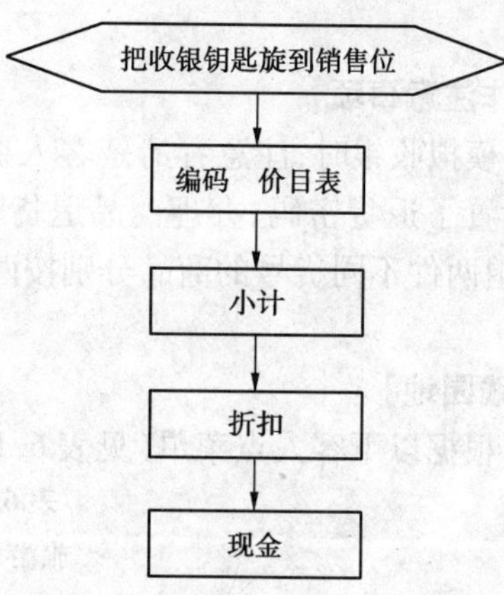

图 6.46　全单打 8.8 折，其余款项用现金结账

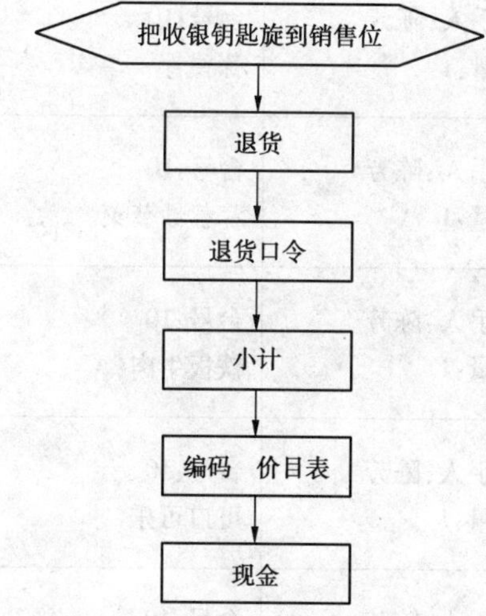

图 6.47　单个商品的退货

【任务操作步骤】

1. 使用收银员的密码登录收银机。
2. 把备用金放入钱箱。
3. 打印商品账单。
4. 唱收唱付客人所付的现金、信用卡、优惠券。
5. 按客人的要求开具服务行业或商业发票。

【操作注意事项】

模拟收银时,注意看清楚客人要求的结账方式,采用不同的结账步骤。收银机设置了退货密码,办理商品退货时注意:按一次退货键及密码后可以退一件商品,退两件不同货号的商品分别按两次退货键及密码,方可退货成功。

【实践园地】

根据以下客人点菜单(见表6.16)完成收银实操报告七(见表6.17)。

表6.16 客人点菜单

旅游一条街——滋味馆

点 菜 单

日期:12.1　　人数:9　　台号:10　　巾:10　　经手人:陈芳

台号:10 西洋菜煲陈肾	经手人:陈芳 数量:1	台号:10 蒜香骨	经手人:陈芳 数量:1
台号:10 烧鹅	经手人:陈芳 数量:1	台号:10 蒜蓉炒菠菜	经手人:陈芳 数量:1
台号:10 水晶鸡	经手人:陈芳 数量:1	台号:10 铁板牛肉	经手人:陈芳 数量:1
台号:10 上汤豆苗	经手人:陈芳 数量:1	台号:10 可口可乐	经手人:陈芳 数量:1
台号:10 卤水拼盘	经手人:陈芳 数量:1	台号:10 白饭	经手人:陈芳 数量:11
台号:10 萝卜牛腩煲	经手人:陈芳 数量:1	台号:10 青岛纯生	经手人:陈芳 数量:5

1. 客人结账要求:10号台全单打8.8折,用400元现金结算,请打印10号台客人的账单。

表 6.17　模拟销售结账

<table>
<tr><td>班别：</td><td>姓名：</td><td>学号：</td><td>月　日(星期　)</td></tr>
<tr><td colspan="2">实操机型：</td><td colspan="2">实操机位编号：</td></tr>
<tr><td colspan="4">实操主要目的：
根据客人要求的结账方式打印结账收据。</td></tr>
<tr><td colspan="4">实操要求：
1. 全单用现金结账；
2. 全单用信用卡结账；
3. 账单部分用优惠券，其余款项用现金结账；
4. 账单部分用优惠券，其余款项用信用卡结账；
5. 全单打 8.8 折，用信用卡结账；
6. 全单打 8.8 折，用现金结账。</td></tr>
<tr><td rowspan="12">实操步骤：</td><td rowspan="12" colspan="2">实操成果：</td><td>自我评价</td></tr>
<tr><td>Excellent</td></tr>
<tr><td>Good</td></tr>
<tr><td>OK</td></tr>
<tr><td>Fail</td></tr>
<tr><td></td></tr>
<tr><td></td></tr>
<tr><td>小组评价</td></tr>
<tr><td>Excellent</td></tr>
<tr><td>Good</td></tr>
<tr><td>OK</td></tr>
<tr><td>Fail</td></tr>
<tr><td colspan="3" rowspan="3">遇到的困难：</td><td>综合评价</td></tr>
<tr><td>Excellent</td></tr>
<tr><td>Good</td></tr>
<tr><td colspan="3" rowspan="2">解决的方法：</td><td>OK</td></tr>
<tr><td>Fail</td></tr>
</table>

2. 模拟销售结账技能评价(见表 6.18)。

表 6.18　模拟销售结账技能评价表

被考评人		班别		学号	
考评地点					
考评内容	模拟销售结账				
考评标准	内　容	分值/分	自我评价/分	小组评议/分	实际得分/分
	打印现金结账收据	20			
	打印信用卡结账收据	20			
	打印打 8.8 折后现金结账收据	20			
	打印部分账单使用优惠券,其余金额用信用卡结账收据	20			
	设置外币结算比率	20			
合　计		100			

注:1. 实际得分 = 自我评价 40% + 小组评价 60%。

2. 考评满分为 100 分,60 ~74 分为及格;75 ~84 分为良好;85 分以上为优秀(包括 85 分)。

【课外阅读知识】

钞票的由来

纸币又称“钞票”,始于清咸丰年间。清朝因镇压太平天国革命,军费开支庞大,导致经济危机,为了应付财政困难,在咸丰三年(公元 1853 年)5 月推出纸币,先后发行了“户部官票”和“大清宝钞”。“户部官票”又叫“银票”,以银两为单位,面额分一两、三两、五两、十两、五十两共五种;“大清宝钞”又叫“钱票”,以铜钱为单位,面额为五百文、一千文、一千五百文、二千文、五千文、十千文、五十千文和百千文八种,以二千文合官票银一两。于是民间就把这两种纸币统称为“钞票”。

这两种钞票都是不能兑现的纸币,百姓不喜欢。因“户部官票”发行太滥,“大清宝钞”额越来越大,形成通货膨胀,同治初年即全部停用,历时不到十年的官票宝钞以失败告终,但“钞票”的名称,却一直流传下来。“钞票”一词距今一百多年,但纸币的出现在我国却要早得多。北宋真宗咸平年间(公元 998—1003 年)发行的“交子”是世界最早的纸币,距今有一千多年了。这比欧美国家使用纸币要早七百年。

任务七 制作销售报表

【学习目标】

学会打印销售报表、退货报表、折扣报表以及打印 Z 报表后销售日志清零。

【前置任务】

收银员交班时要打印哪几种报表呢?

【教学条件】

①资料准备:为每位参加实训的同学准备收银实操报告一份、实操技能评价表一份。

②物品准备:每人一台收银机、收银机老板钥匙一把、固体胶水,把实操成果粘贴在实操报告上并填写相关的步骤。

③场地准备:饭店财务操作室。

④分组安排:每组六人,按学号坐在相应的收银机机位上。每组设实操领班一名,对组员的表现、实操成果进行评分。

⑤学时安排:1 学时。

【相关知识】

一、X 报表与 Z 报表的区别

在 X 模式下打印出各种报表后,所有的销售信息仍然保存在机器内。把收银员钥匙旋到"X 报表"位,按[现金]键或[价输入]键,将会打印出相应的 X 模式的汇总报表。

把管理员钥匙旋"Z 报表"位,按[现金]键或[价输入]键,将会打印出相应的 Z 模式的汇总报表,打印报表后,相应的报表信息会自动清零。打印"Z-汇总报表"时,此报表中仅销售累计总额不自动清零,当该销售累计总额为 20 000 000.00 时,必须清零(Z 报表位置,[#/开钱箱] + [小计]),否则机器拒绝再销售。收银领班核对账单后每天打印一次"Z-汇总报表",每月打印一次"Z-周期报表"。

两者的区别:一是表头显示的信息不同;二是 X 模式下为只读报表,打印后不清除数据信息;而 Z 模式下为清零报表,打印后自动清除相应数据。

二、收银机常用的系统出厂设置

收银机共有 16 个系统标志,把管理员钥匙旋到"编程"位,按[价输入]键,可设置系统。设置过程中,若输入数据有误,未按[小计]前,可用[清除]键来清除后重新输入。若有蜂鸣报警声,也用[清除]键来清除。常用的系统标志出厂设置见表 6.19。

表 6.19 常用的系统标志出厂设置

系统标志	系统信息	范例	说明
4	打印格式	01	1:打印格式 0 收款机号与收据流水号、收银员名、日期与时间都打印 1 只打印日期与时间 2 只打印收款机号与收据流水号、收银员名 3 收款机号与收据流水号、收银员名、日期与时间都不打印 4-7 分别同 0-3,只增加打印 PLU 编号 0:"Z-汇总报表"打印格式 0 报表计数值、销售累计总额都打印 1 只打印报表计数值 2 只打印销售累计总额 3 报表计数值、销售累计总额都不打印 4-7 分别同 0-3,只是 Z 位打印完汇总报表后复位收据流水号
5	走纸行数	314	3:收据头打印行数 0—6(0 表示不打印收据头) 1:收据尾打印行数 0—6(0 表示不打印收据尾) 4:两收据的间隔行数 0—9
7	经理密码	0000	经理密码可设置 0000—9999,0000 表示不设经理密码,设置经理密码后,要修改编程信息首先要键入正确的经理密码。
9	通讯方式	00	首位固定为 0 个位表示通讯方式:0 本地联网通讯 1 远程联网通讯

续表

系统标志	系统信息	范例	说明
11	营业员与收银员控制	1210	1:收银员控制 0 销售前不强制收银员登记 1 销售前收银员必须登记 2:营业员控制 0 营业员功能无效 1 销售前不强制营业员登记 2 销售前强制营业员登记 1:开台号控制(只限于餐饮机) 0 销售前不强制输入开台号(即不必以开台方式做销售) 1 销售前强制输入开台号(即必须以开台方式做销售) 0:末尾固定为0
12	退货密码	0000	"0000"表示不设退货密码,假如设置四位密码后,在销售状态时,每次办理退货前都必须输入退货密码,才可以执行退货。
16	电子秤条码	22	22:电子秤条码识别标志

三、电子日志

电子日志包括销售日志、退货日志、折扣日志、账号日志(见表6.20)。

表6.20　打印及清除电子日志的按键方式

打印电子日志	
销售日志名称	"X/Z 报表"位
销售日志	[取消]+[小计]
退货日志	[退货]+[小计]
折扣日志	[折扣]+[小计]
账号日志	[信用卡]+[小计]
清除电子日志	
功　能	"Z 报表"位
不打印而清除销售日志与账号日志	[部门4]+[取消]
不打印而清除退货日志	[部门4]+[退货]
不打印而清除折扣日志	[部门4]+[折扣]

四、打印报表

1. 打印 X 报表(见图 6.48)

2. 把收银钥匙旋到"X 报表"位,打印 X 模式的常用报表(见表 6.21)

表 6.21　X 模式的常用报表

按　键	报表种类
现金	X-汇总报表
价输入	X-周期报表
价目表	PLU 报表
乘/时间	小时报表
收银员	全部收银员报表
营业员	全部营业员报表
改错	库存报表

3. 打印 Z 报表后,清除销售日志(见图 6.49)

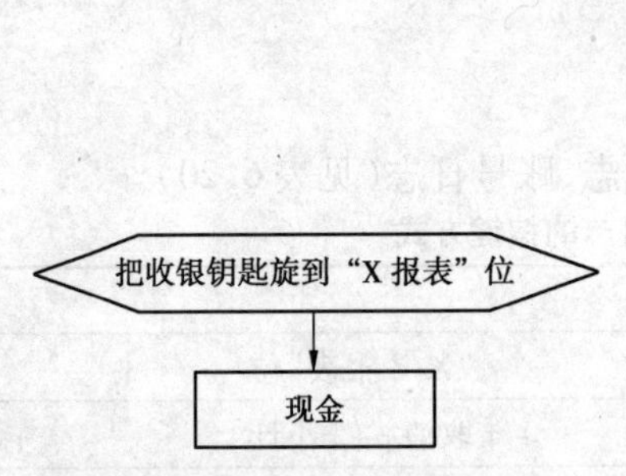

图 6.48　打印 X-汇总报

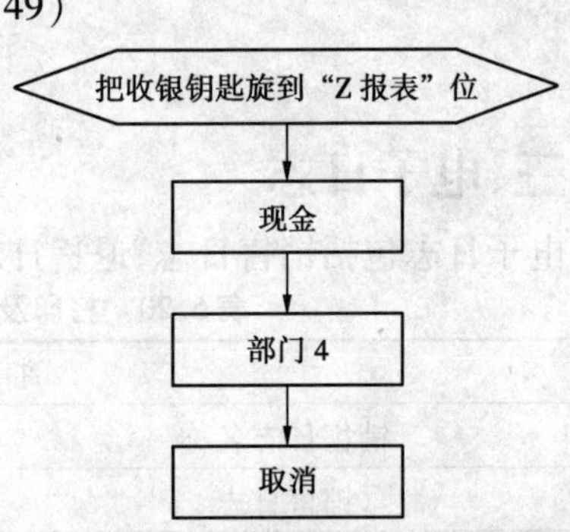

图 6.49　打印 Z-汇总报表后清除销售日志

【任务操作步骤】

1. 按 开钱箱 ,盘点当班的营业收入,并把收入记录在缴款袋上。
2. 打印 X 报表。
3. 钱、账平衡后,由收银领班打印 Z 报表。
4. 清除销售日志。

【实践园地】

1. 打印 X 报表和 Z 报表，见表 6.22。

表 6.22　打印 X 报表和 Z 报表

<table>
<tr><td>班别：</td><td>姓名：</td><td>学号：</td><td>月　日（星期　）</td></tr>
<tr><td colspan="2">实操机型：</td><td colspan="2">实操机位编号：</td></tr>
<tr><td colspan="4">实操主要目的：
1. 打印 X 报表和 Z 报表；
2. 清除收银机的销售信息。</td></tr>
<tr><td colspan="4">实操要求：
1. 打印 X 报表；
2. 打印 Z 报表；
3. 观察 Z 报表包括哪些内容；
4. 清除销售信息。</td></tr>
<tr><td rowspan="12">实操步骤：</td><td rowspan="12" colspan="2">实操成果：</td><td>自我评价</td></tr>
<tr><td>Excellent</td></tr>
<tr><td>Good</td></tr>
<tr><td>OK</td></tr>
<tr><td>Fail</td></tr>
<tr><td></td></tr>
<tr><td>小组评价</td></tr>
<tr><td>Excellent</td></tr>
<tr><td>Good</td></tr>
<tr><td>OK</td></tr>
<tr><td>Fail</td></tr>
<tr><td></td></tr>
<tr><td rowspan="3" colspan="3">遇到的困难：</td><td>综合评价</td></tr>
<tr><td>Excellent</td></tr>
<tr><td>Good</td></tr>
<tr><td rowspan="3" colspan="3">解决的方法：</td><td>OK</td></tr>
<tr><td>Fail</td></tr>
<tr><td></td></tr>
</table>

2. 打印 X 报表和 Z 报表技能评价(见表 6.23)。

表 6.23　打印 X 报表和 Z 报表技能评价表

被考评人		班别		学号	
考评地点					
考评内容	打印 X 报表和 Z 报表				
考评标准	内　容	分值/分	自我评价/分	小组评议/分	实际得分/分
	打印 X 汇总报表和 X 周期报表	20			
	打印 Z 汇总报表和 Z 周期报表	20			
	打印库存报表	20			
	打印收银员报表	20			
	打印营业员报表	20			
合　计		100			

注:1. 实际得分 = 自我评价 40% + 小组评价 60%。
2. 考评满分为 100 分,60 ~ 74 分为及格;75 ~ 84 分为良好;85 分以上为优秀(包括 85 分)。

项目七　餐厅收银技巧

任务一　早茶开单技巧

【学习目标】

学会登录自己的账号,然后模拟开台、开单、改卡、移台、退品、作废、打折、会员卡结账等功能。

【前置任务】

①思考一下:为什么要建立食为天前台系统账套?建立账套有哪些步骤要求?

②账套资料如果需要更新,应怎样处理?

③如何帮客人开台、开单?

【教学条件】

①物品准备:每人一台电脑,要求安装食为天前台系统和食为天3.11前台专业餐饮管理软件。

②学时安排:2学时。

【相关知识】

酒店营业收入,主要是酒店通过对顾客提供劳务和销售产品从中获取的收入。它是酒店经营成果的货币表现,是酒店的一项重要的财务指标。酒店营业收入来源有:客房收入、餐饮收入、美容美发收入、康乐服务收入、洗衣服务收入、商务中心收入、商场收入和汽车出租收入等营业点收入。酒店为了确保营业收入的完整性,设置酒店财务部门对营业收入进行监督控制和有计划地统一分配。酒店的财务部是酒店企业必不可少的部门,掌管着酒店企业资金命脉。一间酒店经营能否长久,取决于酒店财务管理的好坏。由此可见,酒店财务部在酒店经营中起着关键的作用,下面介绍有关旅游涉外酒店星级的划分及评定标准。

一、我国《旅游涉外酒店星级的划分及评定》对结账服务的规定

现代酒店对客人提供住宿、商务、餐饮等服务,由于住客在店停留天数少,来

得快又走得快，因此，要求酒店的信用政策明确，记账准确，结账迅速，记录的客账准确清晰。不管客人何时结账，前台总收银都要准备好客人的账单，不能出现跑账和漏记账的情况。有些酒店在客人预订房间或者办理住宿登记时已交付订金或预付款，客人在店的消费采用记账方式，待客人离店时一次性结账。

中华人民共和国关于《旅游涉外酒店星级的划分及评定》对酒店结账服务作了具体规定，不同星级标准的酒店所提供结账服务要求各异（见表7.1）。

表7.1 《旅游涉外酒店星级的划分及评定》有关结账服务的规定

星级	结账服务时间	结账要求	外币兑换	信用卡服务
一星	总服务台18小时有工作人员在岗，提供接待、问询和结账服务。		定时提供外币兑换服务。	
二星	总服务台24小时有工作人员在岗，提供接待、问询和结账服务。		同上	
三星	同上	1. 总收银、各营业点收银与酒店管理计算机管理系统联网，结账信息能马上传输到内部网络，酒店的管理层能随时接收、统计客账信息。 2. 提供一次性结账服务（商场购物除外）。	12小时提供外币兑换服务。	提供信用卡结账服务。
四星	同上	同上	18小时提供外币兑换服务。	同上
五星	同上	同上	同上	同上

二、酒店收银人员的岗位职责（见表7.2）

表7.2 酒店收银人员的岗位职责

岗　位	营业点收银	营业点收银领班
汇报对象	收银主管	收银经理
权　限	使用收银设备、开具发票。	1. 对下属员工有一定人事调配建议权； 2. 对下属员工有一定奖惩建议权。

续表

岗 位	营业点收银	营业点收银领班
职责概要	负责营业点收款工作,保证及时、准确地为客人结清账款。	负责各营业网点收银员的业务管理工作,协助解决收银员不能解决的问题,上情下达,及时把上级的命令传达到各营业点。
具体职责	1. 做好交接班和班前准备工作,备足备用金找零; 2. 保持工作区域的卫生; 3. 核收餐厅服务员开立的账单,在厨房联、酒水联上加盖"现金收讫"印章,根据订单打印客人账单; 4. 任何减、免的业务应由餐厅主管、经理签署,没有签署不能减免;打折业务需要记录客人贵宾卡的卡号或使用餐厅规定数额的优惠券; 5. 迅速、准确地办理结账收银业务,熟悉不同的结算方法; 6. 遇到长、短款应立即向收银领班报告; 7. 每班结束前,编制"收银员收入明细表",账款平衡后才能下班; 8. 严格执行财务管理制度,按章办理财务手续,保证备用金完整、准确,严禁出现套汇现象; 9. 现金收入、票据等经收银领班、主管复核后,封入缴款袋,在旁证人的证明下投入"保险箱",并填写"缴款袋入柜记录"; 10. 完成收银领班交代的其他工作事项。	1. 合理编排各营业点收银员的班次; 2. 领发办公用品、账单、发票等; 3. 协助比较繁忙的营业点的营收工作; 4. 临时顶岗,代替因病、请假收银员的工作; 5. 定期、不定式抽查各营业点收银员的备用金使用情况,以书面形式报告财务主管; 6. 核查、核封收银员现金收入缴款袋; 7. 到营业点检查收银员的仪容仪表、工作态度及考勤纪律,对收银员进行评估; 8. 负责营业点收银员业务培训工作; 9. 完成上级交办的任务,起到上传下达的作用。

三、收银人员的服务用语规范

(1)收银人员在接待顾客的过程中,服务用语要简洁、准确、有礼貌,做到"五要""四不讲"。

“五要”是:语言要亲切;语气要诚恳;语调要柔和;用语要准确;要讲好普通话。

“四不讲”是:不讲粗话、脏话;不讲讥讽挖苦的话;不讲催促埋怨的话;不讲与营业无关的话。

(2)收银人员在接待顾客的各个不同服务阶段,要灵活用好“十七字”文明礼貌用语。“十七字”文明礼貌用语是:您好、欢迎光临、请、谢谢、对不起、没关系、再见。

四、早茶开单的技巧

1. 早茶点餐开单(见图7.1)

楼面推车销售的服务员在进行服务接待前检查点心车的水量、煤气是否充足,点心车的配料、用具是否卫生、齐全;把点心装车,了解所推销的点心、粥品的名称、价格、大点、中点、小点等的类别。

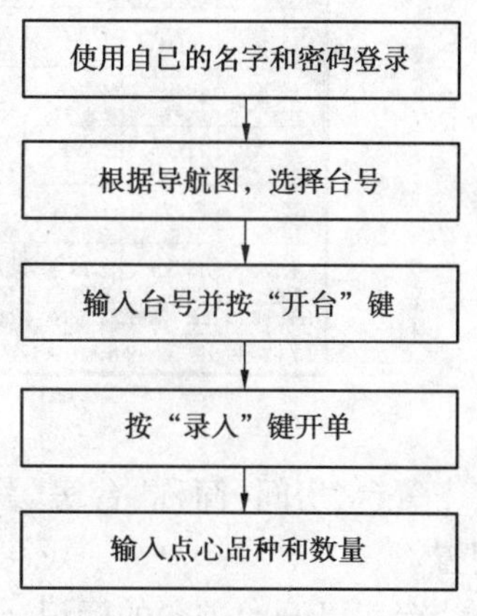

图7.1　早茶开单

早茶采用即点即蒸的餐厅服务,楼面的服务员在听取客人点早茶点心时,及时做好记录,在点菜单上注明品种、数量、落单时间、经手人等信息,到餐厅电脑点菜终端机上,输入客人所要的点心。厨房收到信息后,备好点心、粥品,由地喱(传菜员)传送到餐厅,服务员把点心送上,保证餐厅的出品质量上乘,确认是当天茶市供应的食品。

2. 登录及注销餐厅前台 POS 机(电脑点菜终端机)

登录目的是让餐饮管理系统识别其账号是否存在,密码是否正确。用户通过检验,可进入前台系统,系统记录当前操作用户,并在其权限内赋予操作的范围;用户未通过检验,不可进入前台系统。

图7.2　点菜登录

注销,即用户退出前台系统,系统取消当前操作用户及操作权限。登录用户操作结束后,如在短时间内不再进行操作,或离开 POS 机,应先注销,以免其他人以当前用户身份进行操作,造成管理的漏洞。

登录:点击“登录”按钮,在前台登录界面(见图7.2)中录入登录号或刷卡,录入密码,点击“登录”按钮，登录号及密码通过系统检验，进入前台系统。

注销：当前操作员点击“注销”按钮，退出前台系统。

3. 进入楼面导航界面（见图 7.3）

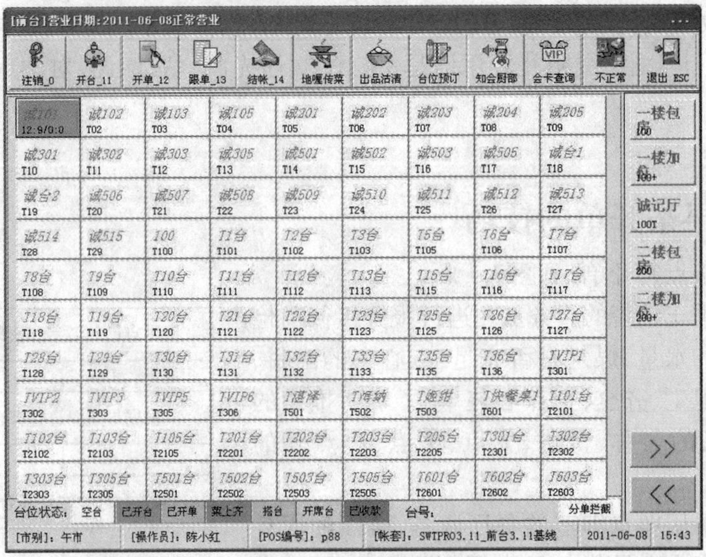

图 7.3 早茶导航界面

餐台、房间（简称“台房”）空闲标注：导航界面的台房区域为白色，表示此台房闲置。

台房已开台进餐的标识：红色表示已开台，未点餐；蓝色表示已点餐，点心、粥品未上齐；灰色表示点心、粥品已上齐。

预订标注：当有预订时，台房图标的第一行显示预订时间及预订客人名称。当预订时间所属市别开市时，预订标注生效；当次茶市结束或将预订单“订单状态”改为“完成”时，预订标注自动取消。

搭台标注：台房图标左上方以“搭-n”表示此台搭台，搭台数为 n。

人数及上菜情况标注：“N：N1/N2：N3”（N 表示餐位数；N1 表示当前进餐人数；N2 表示未上菜数；N3 表示已上菜数）。

4. 茶市开台

客人入座后，咨客或其他人员“开台”操作，录入台卡及客人的相关信息。一张台可开多张卡（见图 7.4）。

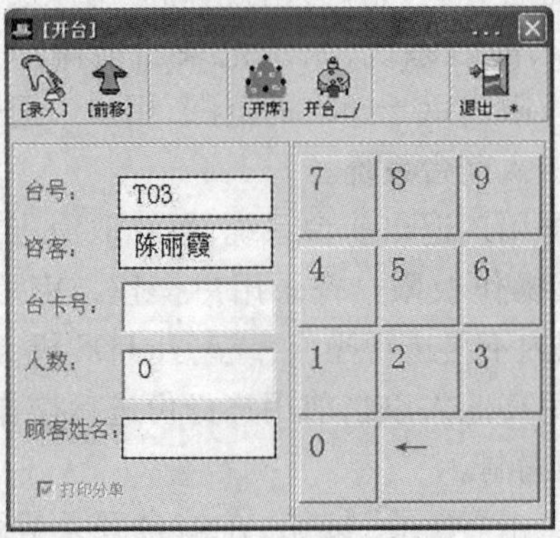

图 7.4 茶市开台

【任务操作步骤】

1. 餐厅楼面咨客，使用自己的密码登录软件。

2. 输入台号、人数进行开台或开包间的操作。

3. 茶市的搭台操作。

4. 服务员登录已开台账单，输入客人消费点心的项目。

5. 收银员登录已开台账单，锁单后进行结账。

【操作注意事项】

录入数据时，应根据咨客开卡的信息和客人点餐的具体内容，准确地输入到相应台号的餐单上。每一次录入完毕后，离开计算机点菜终端机前都必须退出，以免其他人员以你的名义作一些非法操作。

【实践园地】

早茶开台、开单的技能评价表，见表7.3。

表7.3　早茶开台、开单技能评价表

被考评人		班别		学号	
考评地点					
考评内容	早茶开台、开单技能				
考评标准	内　容	分值/分	自我评价/分	小组评议/分	实际得分/分
	顺利登录导航界面	20			
	开台、搭台	20			
	开单	20			
	录入客人消费项目	20			
	早茶结账	20			
合　计		100			

注：1. 实际得分 = 自我评价 40% + 小组评价 60%。

2. 考评满分为 100 分，60 ~ 74 分为及格；75 ~ 84 分为良好；85 分以上为优秀（包括 85 分）。

【想一想】

1. 学习我国不同星级标准的饭店所提供结账服务的要求，营业点收银员和收银领班的职责。应该怎样注意收银人员的服务用语呢？

2. 学会用自己的密码登录餐厅前台 POS 机，进行开台、开包间、消费项目的录入、锁单、早茶结账等操作。

任务二　饭市开单技巧

【学习目标】

饭市的开台、开单，不允许出差错，菜肴出品的录入要求做到快而准。为提高客人对餐厅服务的整体印象，饭市的开台、开单及出品录入要达到 100% 准确。

【前置任务】

①饭市开单与早茶开单有什么差异？

②客人提出点餐时，楼面主管应怎样帮客人下单呢？

【教学条件】

①物品准备：每人一台已安装食为天 3.11 前台专业餐饮管理软件的电脑。

②学时安排：4 学时。

【相关知识】

一、餐厅饭市的服务接待流程（见图 7.5）

二、对饭店收银人员的管理模式

大型饭店的服务项目多、业务量大，在组织上遵循职能化原则组建部门，把收银、审核划归财务部门负责。虽然财务部门收银组织机构的工作范围设在各营业点，工作地点分散，业务内容没有改变，但管理上容易出现管理不到位的现象。为解决这一问题，大型饭店对收银工作往往采取双重领导管理模式，即行政和业务

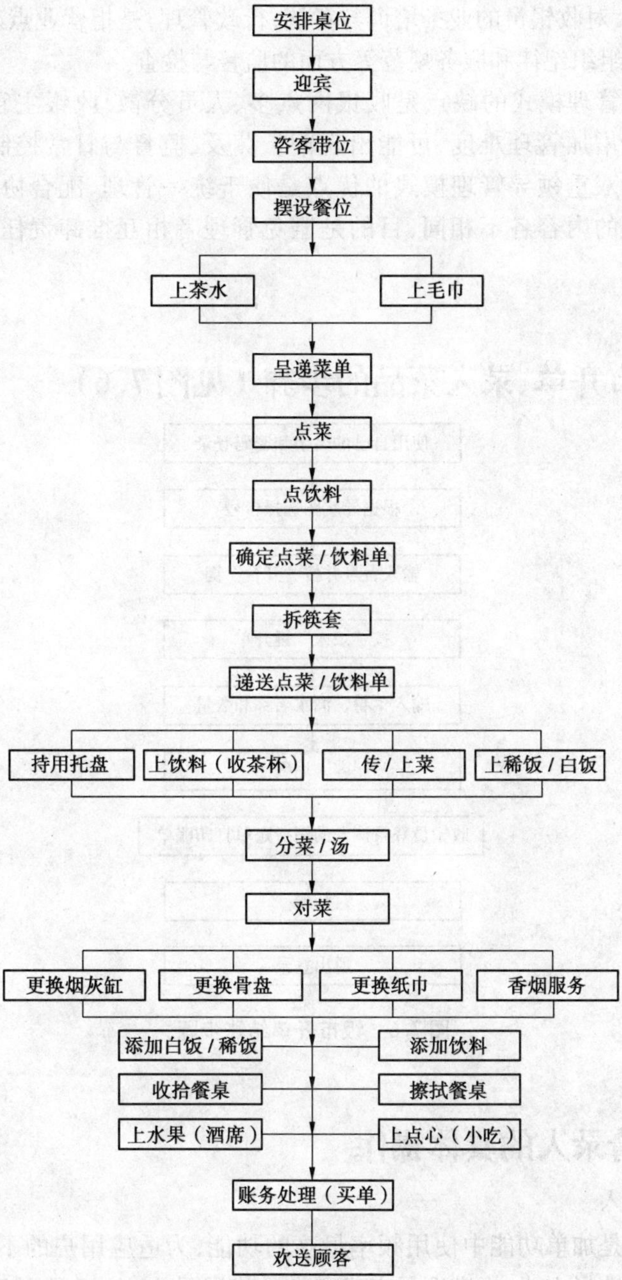

图 7.5 餐厅饭市服务接待流程图

分开，由两个职能部门分别负责。财务部门负责收银组织的业务管理，行政管理归营业点负责。业务管理，是指饭店财务部门对营业收入的收银、记账、结账等工作的审核，以及对收银员的业务培训与考核；行政管理，是指营业点对收银员的仪容仪表、考勤、组织纪律和服务规范等方面的监督与检查。

双重领导管理模式的缺点是收银网点多、人员分散，收银主管若对收银采取行政管理会增加管理难度，可能出现鞭长莫及、监督与日常控制不协调的尴尬现象。采取双重领导管理模式的优点是便于统一管理、配合协作，不同部门对收银员管理的内容各不相同，目的是避免管理者相互推卸责任，加快处理问题的速度。

三、饭市开单、录入菜品的步骤（见图7.6）

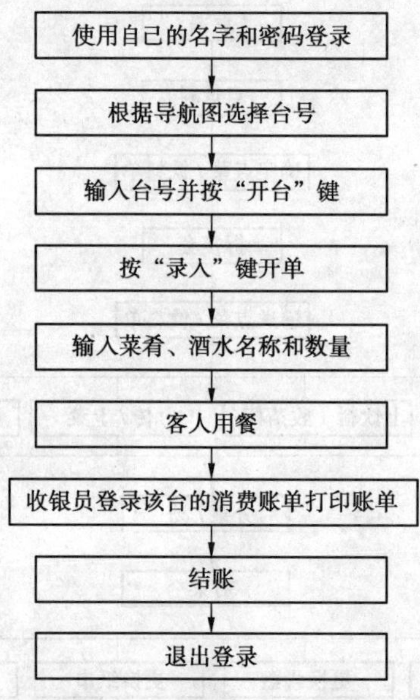

图7.6　饭市开单结账步骤

四、菜肴录入的具体操作

1. 出品录入

出品录入是加单功能中使用频率最高的功能，为适应用户的不同需求，系统提供数字录入选择方式、标准选择方式和出品代码录入方式（见图7.7）。在数字录入选择方式、标准选择方式中，针对不同的用户，系统提供多种出品模式：厨点\小类\出品（三级备选）；大类\小类\出品（三级备选）；厨点\小类\出品；大类\小类\出品；厨点\出品；大类\出品；小类\出品。

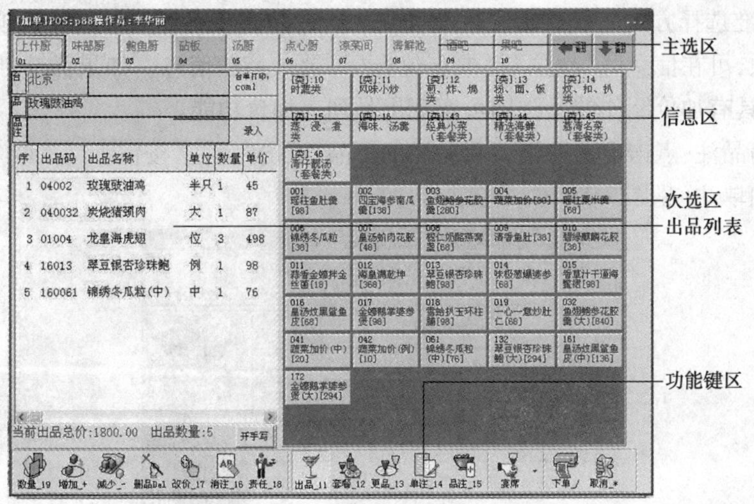

图 7.7 菜肴出品录入

2. 选择套餐品种

点击“套餐”按钮,主选区显示套餐品种。在主选区选择套餐,次选区显示套餐组成。套餐组成分为固定出品及可选出品。固定出品用黄色显示,也可选择白色显示出品。

3. 数量录入

系统默认所点出品数量为1,当客人所点的数量不为1时,提供三种方式录入当前出品的数量。

直接录入数量:点击“数量”按钮,弹出“数值录入”窗口,录入出品数量。

整数增加:点击“增加”按钮1次,数量加1。

整数减少:点击“减少”按钮1次,数量减1。

4. 删除菜肴出品

选定出品,点击“删品”按钮,删除该菜肴出品。

5. 更换套餐出品

客人需要更换套餐中的某一组菜肴出品时,选定此菜肴出品,点击“更品”按钮,使用“出品”选择功能选出品,更换当前套餐组成。更换的出品单价为原组成出品单价,套餐价格不变。

6. 菜肴出品品注

给菜肴出品增加备注,通知厨部及地喱。菜肴品注是专门为客人对菜肴的制作方法、上菜顺序、上菜方式、配料等提出的要求而设置的,出品可增加多项备注。选择需加备注的出品,点击“品注”按钮,主选区内显示品注类别。点击某类别或使用“标准选择方式”,次选区显示此类别的所有品注项目。如果品注选项中无所需的选项,可在信息区“品注”栏中定位光标,录入品注信息。如果品注涉及加价时,选择具有加价制作的品注即可实现出品列表加价功能。

取消品注:点击需要取消菜肴品注的出品,点击“消注”按钮。

7. 加单注(见图 7.8)

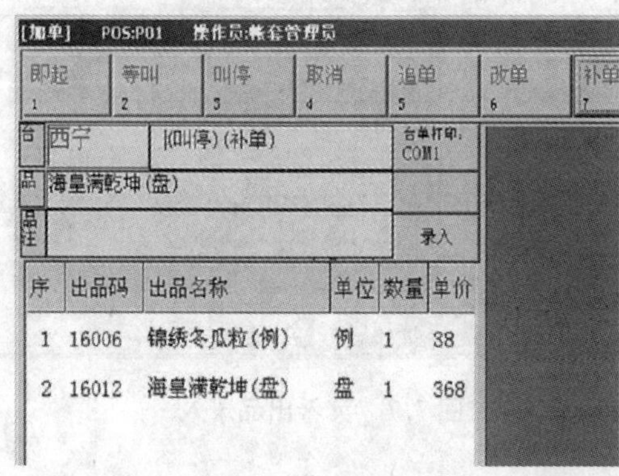

图 7.8　加单注

为出品单增加备注,通知厨部及地喱。单注是客人对点菜单或所有出品提出的需求,如整单叫起、叫停、催菜等,出品单增加多项单注。点击“单注”按钮,主选区显示单注项目。点击“单注”按钮或使用标准录入方式选择某单注,单注按钮变为红色,信息区的单注框显示所选单注,表示单注已选定。再次选中“单注”按钮(红色),删除此单注。

如果客人没有要求整单叫起、叫停、催菜等,可在信息区单注框中定位光标,录入单注。

【任务操作步骤】

1. 客人点菜后,餐厅楼面领班用自己的密码登录。

2. 进入开台账单。

3. 根据客人的点菜单录入菜肴的名称和数量。

4. 根据客人的特殊要求录入菜肴出品品注、单注后,退出登录。

5. 收银员用密码登录开台账单,查看客人点菜信息。

【实践园地】

饭市开单业务训练技能评价表(见表 7.4)。

表 7.4 早茶开单业务训练技能评价表

被考评人		班别		学号	
考评地点					
考评内容	早茶开单业务训练技能				
考评标准	内 容	分值/分	自我评价/分	小组评议/分	实际得分/分
	饭市的开台、搭台开台	10			
	开单	10			
	根据客人要求的菜肴的制作方法、上菜顺序、上菜方式、配料加品注	30			
	根据整单叫起、叫停、催菜的需求加单注	30			
	更改已点的菜肴品种	20			
合 计		100			

注:1. 实际得分 = 自我评价 40% + 小组评价 60%。

2. 考评满分为 100 分,60 ~74 分为及格;75 ~ 84 分为良好;85 分以上为优秀(包括 85 分)。

【想一想】

假如有多位领导对同一件事情下达的命令不统一,作为下属会感到特别为难,因此管理学理论并不主张多重领导,为什么对收银员又偏偏采取双重管理领导模式呢?

【探究乐】

1. 餐厅饭市服务接待包括哪些主要流程?

2. 面对双重管理模式,收银员要怎样开展工作呢?

3. 学习了本任务,你能进行饭市开台、开包间、录入菜肴名称、数量、加品注、单注吗？当客人叫起、叫停、催菜时,作为楼面主管怎么办?

任务三　饭市结账技巧

【学习目标】

饭市收银的业务性强，工作量大，不容许出差错，收银准确度会直接影响餐厅的营业收入，收银员结账的速度会影响客人对餐厅服务的整体印象，因此，饭市收银的业务训练要求做到快而准。

【前置任务】

餐厅收银过程中，付款与结账有什么区别，分别如何操作呢？

【教学条件】

①物品准备：每人一台可连接服务器的计算机并安装食为天3.11前台专业餐饮管理软件。

②学时安排：4学时。

【相关知识】

一、收银员基本服务礼仪规范（见表7.5）

表7.5　收银员基本服务礼仪规范

工作表现	礼仪规范	不规范的行为
表情	1. 微笑待客； 2. 专注与客人的工作。	1. 面无表情、对客不理睬、冷淡； 2. 与客人发生争执、发怒、着急、慌张。
动作	1. 站姿、坐姿端正，结账、收款动作准确、迅速； 2. 养成双手递送账单、收找零钱的习惯动作。	1. 弯腰驼背、双手放口袋、跷二郎腿； 2. 上岗时修剪指甲、脱鞋、挖耳、抠鼻； 3. 遇到客人不让路，在餐厅、商场内跑步； 4. 趴在收银台、斜靠工作椅等。
语言	1. 使用礼貌语言，口齿清楚，声调柔和，声音的大小控制在让对方听到、听清楚的程度； 2. 主动与客人打招呼，假如知道客人姓名，打招呼时，可加上其姓氏，表示尊重。	1. 说话结巴，声音过高、过尖或过小； 2. 粗言烂语，当着客人大声说笑、模仿客人讲话、与同事窃窃私语等； 3. 对客人的提问不理不睬等； 4. 当班时没有使用文明用语。

二、餐饮收入的特点

(1)餐厅种类多。同一家饭店可能有多个风格、主题、服务方式、服务时间迥异的餐厅、酒吧等。

(2)餐厅服务项目繁多,价格差异较大。餐饮网点提供的服务项目有菜肴、海鲜、汤类、酒水、饮料、香烟及其他服务。各种服务项目价格迥异,计价的工作量较大,有许多餐厅已使用专业的餐饮管理软件,要求收银员、服务员领班熟悉软件操作的业务,达到快而准的服务水平。

(3)餐饮网点空间大,人员流动性大。餐饮经营活动通常在一个较大的空间内进行,服务及管理人员较多,客人、服务人员都处在流动之中。这为餐饮收入的计算、收取增加了一定的难度。

三、设置餐饮收银机构的依据

1. 合理设置餐饮收银机构

设置餐饮收银机构要依据"管钱不管账,管物不管钱"的原则,根据收银业务量、现金业务量设置收银机构,如饭店住店客人挂账消费,饭店下设的餐厅要设立专职收银员。

2. 强化单据控制

表单控制在餐饮收入管理中起着非常重要的依据作用,各餐饮部门通过特定的表单来控制餐饮收入的产生和实现。餐厅的表单设计应尽量做到单单相连、表表相关。任何一单一表的短缺都可能使整个控制脱节,错误是因疏漏而产生,极有可能因产生舞弊行为而损害饭店的利益和形象。为避免舞弊行为,实现餐饮收入最大化,必须强化单据控制。

制订账单连续号是严格账单管理的措施之一,是有效防止账单丢失、撕毁、作弊等情况发生的一种控制手段。对账单、点菜单的领用必须做好登记,不能随意撕毁,若要作废点菜单,经手人要签名并注明作废的原因、时间等。每班饭市后,账单要按流水序号排列好,对使用机器、计算机进行收银工作的餐饮网点来说,这又是检索账单的依据。

四、结账的步骤（见图7.9）

1.锁单

客人要求结账时，先点击“锁单”按钮（见图7.10），把整张菜单单据上锁，才可进行结账操作。其他POS机不能再进行加单、跟单操作。锁单后，系统根据进餐人数及当前市别、厅楼的茶位商品定义，自动增加茶、巾、芥记录。

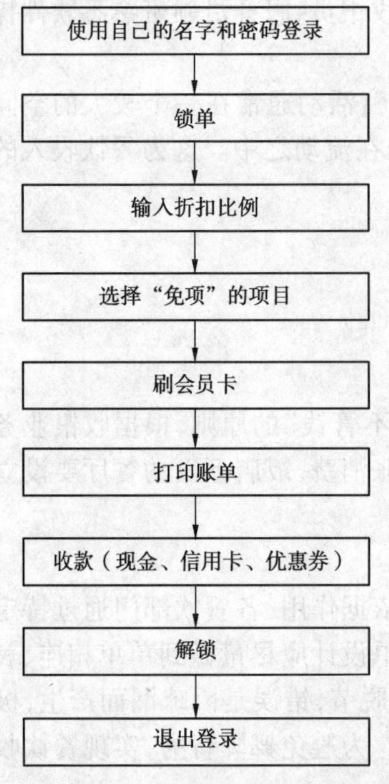

图7.9　结账的步骤

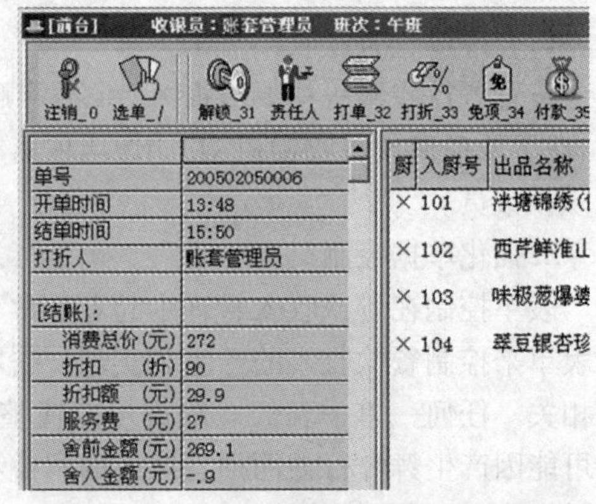

图7.10　锁单

锁单后，不可再进行“跟单”“加单”操作。当需要进行“跟单”“加单”操作时，需对单据进行解锁。在“结账”界面单击“解锁”按钮，即对单据解锁。

2.打折

餐饮专业管理软件提供四种折扣方式：比例折扣、全单比例折、金额折扣、类别比例折扣，而且每张单只可选择一种折扣方式。

(1)比例折扣：整张账单的所有允许打折的出品，按比例打折。

(2)全单比例折：整张账单里所有允许打折、定义了折扣限额的出品均按照比例打折。

(3)金额折扣:直接输入折扣金额数。

(4)类别比例折扣:录入比例折的类别中所有出品按比例打折,也可同时选择多个类别进行打折。

点击“打折”按钮,在“折扣设置”界面选择类别比例折扣,再点击需要打折的类别,录入折扣比例值或折扣额,点击“确认”,打折的折扣立即生效(见图7.11)。

3. 免项

免项就是免收某些项目的费用,包括:茶位全免、茶位免半、免芥、免最低消费、免服务费。

点击“免项”按钮,在“免项”界面选择所需的免项记录(此导航可选多个项目),按“确认”键后,免项生效(见图7.12)。

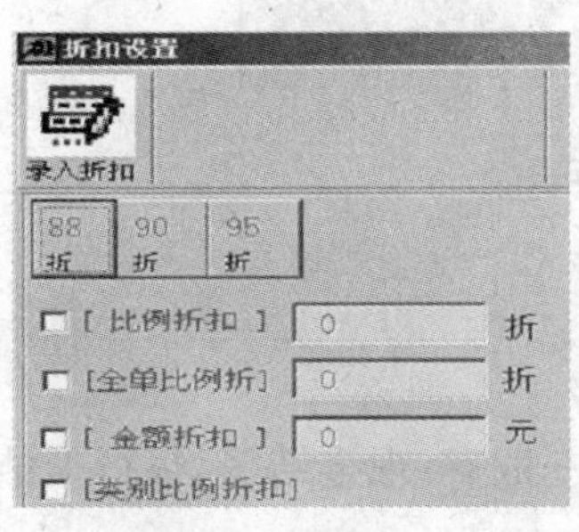

图7.11 打折比例

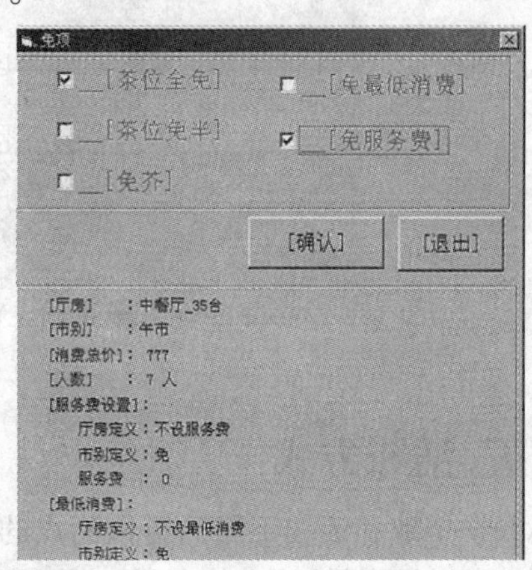

图7.12 免项

4. 会员消费

点击“会卡”按钮,弹出“客人会卡录入”窗口,使用读卡器刷会员卡或在“请刷会卡”录入框中键盘录入会员编码并点击“确认”按钮,单据按会卡定义的消费折扣率整单比例折,即“折扣”的“比例折扣”。

刷卡后,再次打开“客人会卡录入”窗口,可查询当前会员的挂账限额及预付、挂账情况。

5. 打单

点击“打单”按钮,打印结账单,通知客人付款。

6. 收款(见图 7.13)

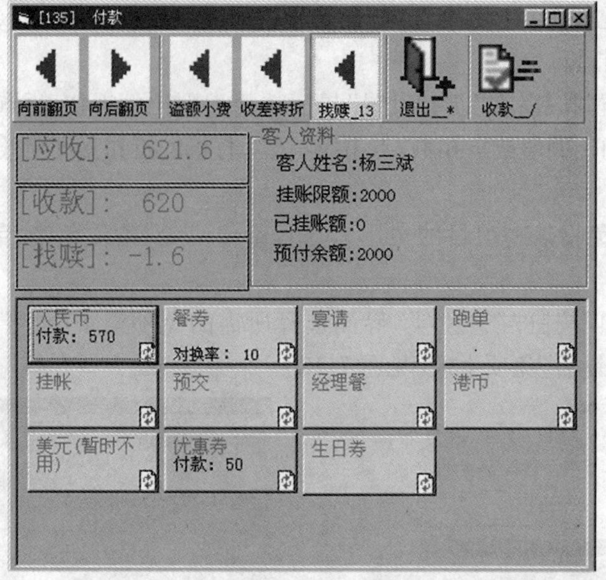

图 7.13　客人付款方式

五、结账方式

餐饮企业和饭店下属的餐饮网点的结账方式一般有:现金结账、银行卡结账、支票结账、转账结账和总台挂账五种。

1. 现金结账

现金结账的注意事项:

(1)当楼面服务员把客人付的现金与客单一同交给收银员时,收银员应唱收现金数量。如果是外币现金,则应请餐厅经理、主管在账单上加盖“外币币种章”,以严格控制。

(2)依据账单复核款项数额无误后,收下现金并找零。

(3)在账单上盖“PAID”“现金付讫”章后,把账单的客人联、找零、发票一同交由服务员还给客人。服务员将账单、找零、发票交给客人后,在餐桌上摆上“谢谢惠顾”或一瓶花,表示此餐桌已结账,以减少跑单的现象。

(4)保管好账单的记账联,以备审核、统计。

2. 银行卡结账

银行卡结账的注意事项:

(1)当客人提出使用银行卡结账时,楼面服务员应检查是否属于本营业点可以接收的银行卡种类，并检查其有效日期和外观完整与否，如银行卡已过期，应当立即向客人指出。收银员刷卡后，把银联的签购单交给服务员让客人签名确认消费，此时，训练有素的服务员还应查验客人签名是否与银行卡背面的签名字迹相符。

(2)如果银行卡的持卡人预设消费限额，还要等持卡人短信同意后，才可以进行刷卡消费。

(3)把签购单的持卡人联、盖上“付讫”章的账单客人联和银行卡一起交由服务员还给客人。

(4)收银员应把签购单其余联，像现金一样存放并保管好。

3. 支票结账

支票结账的注意事项：

(1)检查转账支票内容是否完整，包括付款单位名称及其开户银行的账号，以及有效期是否在10日内(遇节假日可顺延)。

(2)请客人在账单上填写姓名、单位、名称及地址，有时为保险起见，还须在支票背面记下付款人证件号码、电话号码及地址等。

(3)开立“支票”必须使用钢笔填写，并且书写清楚、正确无误；现金支票也可以使用支票打印机打印具体内容。

(4)根据客单上总计消费数额，填入“现金支票”金额栏；然后在账单上盖上“付讫”章，再交客人收执。收银员要保存好客单其余联，并像保管现金一样，保管好“现金支票”。

4. 转账结账

转账是指把签字消费账款转至财务部信用组负责结算的方法。签字消费账款一般包括公关招待、外单位欠款等项内容，转账结账的注意事项：

(1)当餐饮(或营业点)收银员收到公关招待的“宴请单”后，作为开立账单的依据，并请负责人员于用餐后，在该账单上签字认可。然后收银员把该客单做“转账”转财务后台进行账务处理。

(2)有些与餐饮企业有往来业务的单位，它们都有各自的账户，并按合同规定定期进行结算。当这些单位或客户在餐饮营业点消费时，往往都是先签字挂账，后定期结算。

(3)收银员检查该客户是否有权签字消费，以及有效期、签名字样和消费内容等是否符合要求，检查无误后，方可准予签字消费；反之，则请客人用其他方式支付账款。

(4)旅行社支付，则应让团队领队签认，收银员把签好的账单转总台，以记入团队总账上，再进行月结，也有饭店采用餐券(Coupon)的形式结账。

5. 总台挂账

总台挂账是指采用一次性结账系统的饭店,住店客人可在店内各营业网点(商场除外)签字赊账消费。客人要求总台挂账时,应注意以下事项:

(1)请客人出示住店卡,并让客人在客单上签上姓名、房号。服务员先核对该客人签名是否与住店卡上签名字样、房号相符无误后,方可送交收银员。

(2)收银员复核客人签名、房号完整无误,即可把消费信息通过内部网络传送总台记账处,以减少跑、漏账。但应注意,采用电话传递方法、内部网络传送信息最好配有书面记录,从而保证传递信息正确,以减少不必要的纠葛。

【任务操作步骤】

1. 收银员用自己的密码登录结账界面。

2. 锁单。

3. 输入折扣比例、免项等项目。

4. 刷会员卡并为客人计积分以及计算会员优惠。

5. 打印账单。

6. 收款后解锁。

7. 退出登录。

【操作注意事项】

1. 客人付款后,收银员点击"收款"按钮,在"付款"界面点击结算方式(可以同时选择多种结算方式进行结账),然后输入当前结算方式所付款项数额后,显示找赎的金额,指导收银员找零。

2. 点击已选择的结算方式,即可取消此种结算方式的付款数。

3. 当"付款"同"应收"不相等时,系统提供三种处理方式:①找赎。②收差转折(当"付款"小于"应收"时,经有关人员批准,将此差额算入折扣。收差转折的折扣额同已有的折扣额相加后计入金额折。当需要取消收差转折时,点击"打折"图标,在"折扣设置"中修改金额折)。③溢额小费(当"付款"大于"应收"时,客人不需要找赎,将余额归为"小费"项)。

4. 录入完成后,点击"收款"按钮,系统自动识别"应收款"与"收款"是否相符,然后确认收款。对单据处理完毕后,确定不需要再进行其他操作,可把单据结账。只有当班收银员才可以进行"结账"操作,最后打印客人付款方式及付款数量的"收款单"。

当客人付款数额比账单的应收数额少时,采取收差转折的方式。采取这种方式的前提是:必须有经理级的签字确认,收银员才可以把差额转为折扣。

【实践园地】

饭市结账技能评价表(见表7.6)。

表7.6　饭市结账技能评价表

被考评人		班别		学号	
考评地点					
考评内容	饭市结账技能				
考评标准	内　容	分值/分	自我评价/分	小组评议/分	实际得分/分
	锁单	20			
	部分打折、全单打折、金额打折、类别打折	30			
	免茶、免服务费、免芥、免最低消费	10			
	打印账单	10			
	找赎、收差转折、溢额小费的结账处理	30			
合　计		100			

注:1. 实际得分 = 自我评价 40% + 小组评价 60%。

2. 考评满分为 100 分,60 ~ 74 分为及格;75 ~ 84 分为良好;85 分以上为优秀(包括 85 分)。

【想一想】

1. 收银员在接待过程中要注意哪些礼仪规范?

2. 如何强化单据控制管理呢?

3. 你能熟练操作锁单、打折、会员积分、打单、现金结账、信用卡结账、支票结账等收银业务吗?

任务四　收银交班技巧

【学习目标】

熟悉收银交班的工作流程。

【前置任务】

收银交班后,为什么要进行日结工作?假如没有进行日结工作,会导致什么样的后果呢?

【教学条件】

①物品准备:每人一台可连接服务器的计算机,要求安装食为天 3.11 前台专业餐饮管理软件。

②学时安排:2 学时。

【相关知识】

一、餐厅收银交班制度

(1)餐厅接班人员必须准点到岗,认真查看值班日志,有不清楚的地方及时询问交接人员。

(2)交班人员对需交接的事宜要有详细文字记录,并口头交代清楚。

(3)接班人员在认真核对交接班记录后要确认签字,并立即着手处理有关事宜。

(4)交接时应特别注意下列事项:

①客人的预订。

②重要客人的情况。

③客人的相关投诉。

④客人的特别要求。

⑤餐厅营业接待工作中的变化情况。

⑥经理交办的其他事项。

二、餐厅收银员收入明细表(见表7.7)

表7.7 ＿＿＿＿餐厅收银员收入明细表

班次(自　　:　　至　　:　　止)

收银员＿＿＿＿＿　　　　　　　　　　年　　月　　日

账单起止号	人数	营业收入										结算方式					
		散客			团队			宴会			合计	现金	信用卡	支票	挂账	折扣金额	合计
		食品	酒水	香烟	食品	酒水	香烟	食品	酒水	香烟							
合　计																	

夜间稽核员＿＿＿＿＿＿　　　　　　　　收银员＿＿＿＿＿＿

三、收银员收入日报表(见表7.8)

表7.8　收银员收入日报表

日期:　　年　　月　　日

部门:　　　　　　　收银员:

班次:自上/下午　　:　　　至上/下午　　:

收入类别	金　额	现　金	信用卡	支　票	挂　账	备用金	长　款	短　款
食品								
酒水								
香烟								
合计								

收银员领班:　　　　　　　　　　　制表:

注:长款使用蓝字增加,数据来自溢额小费;短款使用红字减少,数据来自收差转折。

四、收银交班步骤（见图7.14）

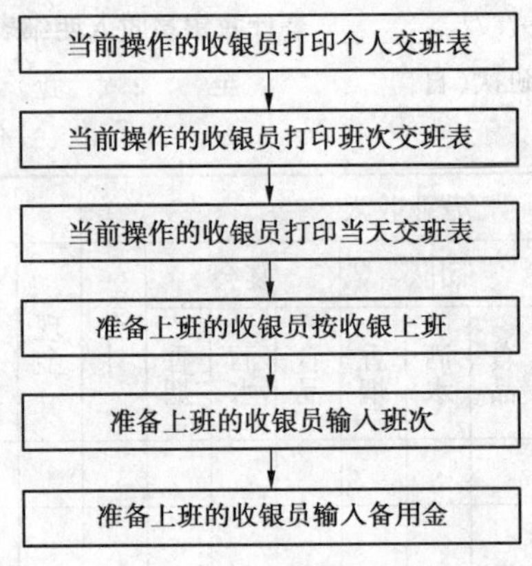

图7.14　收银交班步骤

五、收银员交班报表（见图7.15）

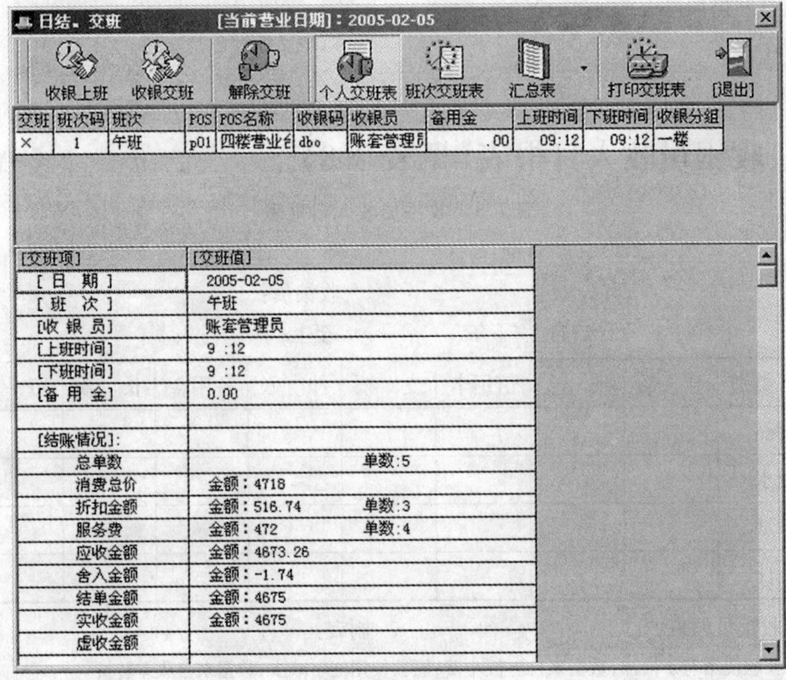

图7.15　收银交班的界面

餐饮营业点收银员交班要打印三种报表,分别是“个人交班表”“班次交班表”及“当日交班表”。个人交班表反映收银员当班期间的收银、营业情况;班次交班表反映各收银班次的收银、营业情况;当日交班表反映当前营业日所有收银交班的收银、营业汇总情况。进入收银交班的界面后各种报表的功能,见表7.9。

表7.9 交班报表按键及其功能

按 钮	功 能
个人交班表	查询当前收银员的交班表
班次	查询某班次的交班记录
班次交班表	查询当前班次的交班表
当日交班表	查询当前营业日各班次的交班汇总情况
汇总表——分组汇总表	查询不同组的收银统计数据
汇总表——当日汇总表	查询当前营业日收银汇总数据

【任务操作步骤】

1. 当班收银员用自己的密码登录,进入收银交班界面。
2. 打印交班报表。
3. 准备上班的收银员点击“收银上班”按钮并输入“班次”。
4. 输入“备用金”进行收银员上班后的收银业务。

【操作注意事项】

进行收银上班操作时,有了上班记录后,才可在餐饮前台系统中结账。收银交班要在两位收银员之间进行,同一位收银员未交班,不可以再次上班;同一班次、同一收银员不可以两次上班。

【实践园地】

收银员进行交接班,打印报表的技能(见表7.10)。

表 7.10　收银交班的技能评价表

<table>
<tr><td>被考评人</td><td colspan="2"></td><td>班别</td><td></td><td>学号</td><td></td></tr>
<tr><td>考评地点</td><td colspan="6"></td></tr>
<tr><td>考评内容</td><td colspan="6">收银交班技能</td></tr>
<tr><td rowspan="6">考评标准</td><td>内　容</td><td>分值/分</td><td>自我评价/分</td><td>小组评议/分</td><td colspan="2">实际得分/分</td></tr>
<tr><td>打印个人交班表</td><td>20</td><td></td><td></td><td colspan="2"></td></tr>
<tr><td>打印班次交班表</td><td>20</td><td></td><td></td><td colspan="2"></td></tr>
<tr><td>打印汇总表</td><td>20</td><td></td><td></td><td colspan="2"></td></tr>
<tr><td>填写收入明细表</td><td>20</td><td></td><td></td><td colspan="2"></td></tr>
<tr><td>填写收入日报表</td><td>20</td><td></td><td></td><td colspan="2"></td></tr>
<tr><td colspan="2">合　计</td><td>100</td><td></td><td></td><td colspan="2"></td></tr>
</table>

注:1. 实际得分 = 自我评价 40% + 小组评价 60%。

2. 考评满分为 100 分,60 ~ 74 分为及格;75 ~ 84 分为良好;85 分以上为优秀(包括 85 分)。

【想一想】

1. 餐厅收银交班有哪些制度?

2. 如何填写收银员收入明细表、收入日报表等?

3. 怎样打印个人交班表、汇总表,顺利地进行收银交班操作和收银上班操作?

项目八　总台收银技巧

任务一　总台收银技巧

【学习目标】

①准确地进行结账、记账、转账并迅速打印对账单。

②熟悉现金、支票、信用卡、转账、旅行社月结账、会议结账、外币兑换等业务。

【前置任务】

请列举餐厅收银与酒店总台收银的工作有哪些区别?

【教学条件】

①物品准备:每人一台可连接服务器的计算机,要求安装千里马酒店管理系统。

②学时安排:6 学时。

【相关知识】

一、饭店的房态划分

客房状态协调(Room Status Reconciliation)是指为确保饭店能够正确地标示出客房当前的状态,并且当客房状态改变时给它指配一个新的标示符号。客房部和前厅部负责维护客房状态,两个部门相互协作来落实房间分配、清扫并且再次分配的状态,以此实现客房收益最大化,同时也避免发生错误的分配。客房状态种类/标示是根据客房的租用状态(State of Occupancy)、清洁状态(State of Cleanliness)和异常状态(State of Exception)进行划分的。最常用的客房状态(见图 8.1)是住客房(Occupied)、空房(Vacant)、未清扫房(Dirty)、已清扫房(Clean)、待售房(Ready)和维修房(Out of Order)。

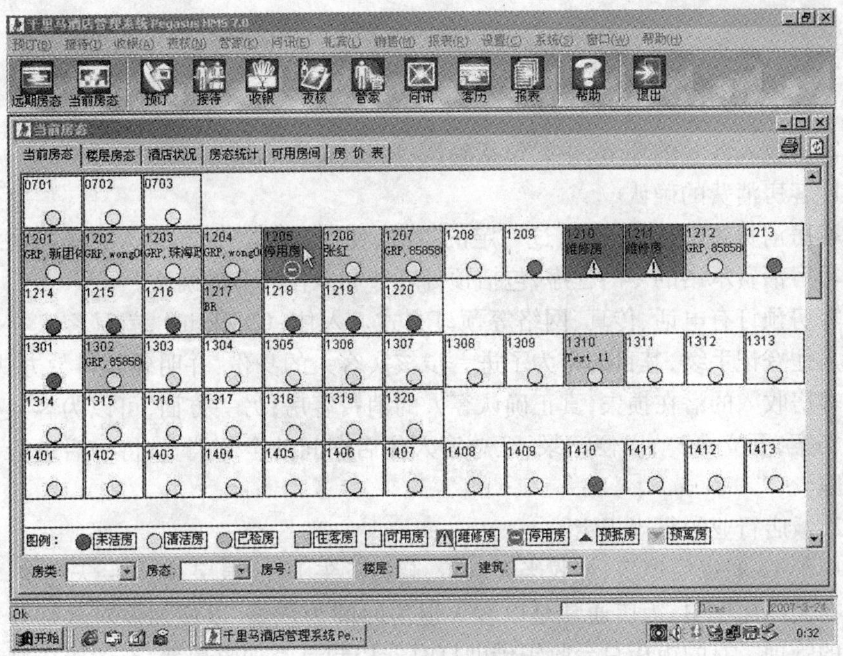

图 8.1　饭店客房状态

二、客房的房态循环周期(见图 8.2)

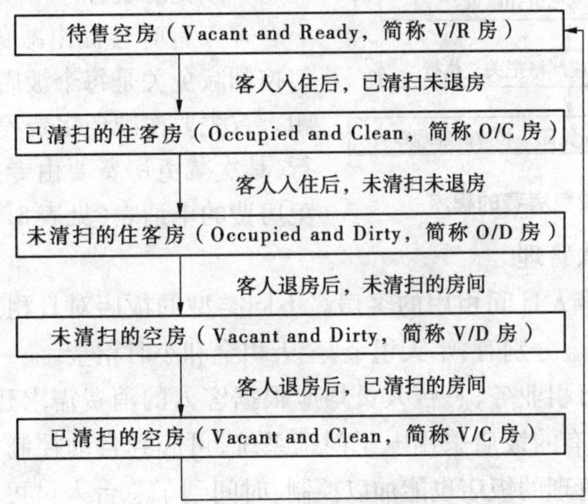

图 8.2　客房的房态循环周期

三、客房收入的环节

客房收入涉及的环节,主要包括确认、加收、记账和结账等。

1. 客房消费的确认

客房消费的确认,是指通过一定的手续,使饭店与客人之间达成具有法律效力的客房消费承诺的专门程序,包括预订环节和入住环节的确认。

客房预订有电话、传真、网络等预订方式。入住(Check in),就是客人在总台办理入住登记手续,其目的是为了进一步核实客人的身份,并明确其付款方式,以减少客房收入的潜在损失,真正确认客人的消费客房;另一方面,可以为客人建立消费档案,开立账户,以便记录、汇总客人住店期间的全部消费,待日后进行一次性结账。

2. 饭店行业的行规规定

中午12时以后退房,加收半天房费,超过下午18时退房,加收一天房费。

在实际运作中,饭店通常是以客人退房时间为依据,以便加强对这部分客房收入的管理。有的饭店总台收银借助打时器控制是否加收房费;有的饭店则通过计算机终端自动打印账单,对加收房费起到更加严格的控制作用。有些客人提出给予放宽离店时间的要求,则需填写"延迟退房免收费通知书"经大堂经理或有关经理签批,才可给予冲减房费。

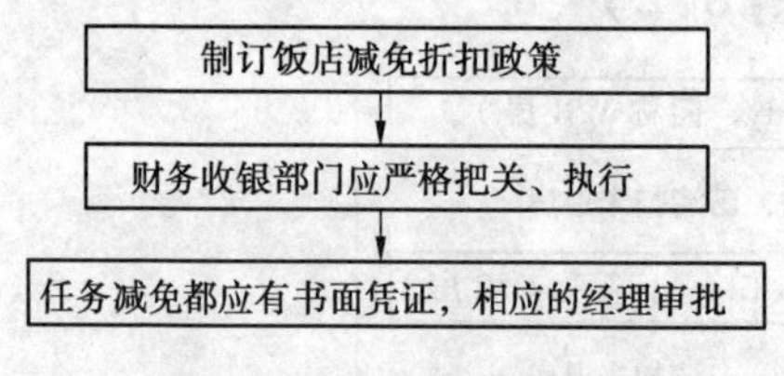

图8.3　减免房费的程序

3. 减免房费程序

客人有时会提出减免房费的要求,如何控制减免关是每个饭店应予以重视的问题。首先要按减免房费程序(见图8.3)执行,其次减免房费要由专人审批并填写减免房费的申请表(见表8.1)。

4. 日租房收入管理

日租房是指客人日间租用的客房。不同类型的饭店对日租房的收费标准都有各自的规定,租金分别有:半天租金、全天租金和小时租金。

无论哪一项日租业务,总台人员均应根据客人的消费需求建立客账,并明确付款方式。此外,有的饭店采用电子门锁系统,可起到自动控制客人使用时间的作用。当然手工管理的饭店也能加以控制,时间到了总台人员可电话询问客人是否需要延长客房使用时间,使日租房收入最终得以有效控制。

表 8.1 减免房费的申请表

DISCOUNT ROOM REQUEST FORM

日期(Date)　　　　　　房号(Room Number)

客人姓名 Full Name		逗留时间 Period of Stay	
消费账号 Account No.		房租 Rent	
折扣率 Rate of Discount		折扣金额 Amount of Discount	
理由 Reasons			

申请人:　　　　　　批准:　　　　　　收银员:

Requested By ________　Approved By ________　Cashier ______

5. 换房处理程序

某些客人入住后,由于价格差异、楼层高低、房间朝向或房号等原因,往往会提出换房要求。这就需要总台接待员在为客人办理换房手续后,及时、准确地把有关信息传递到总台收银处,把客人原房号账款转至现房号账上,同时还应注意是否由于房号变更而发生房价变更等细节问题,妥善保管好客人的消费账单等资料,以确保日后的一次性结账顺利进行,避免纠纷。

6. 提前结账的处理方法

提前结账是指客人要求先结账、后离店的情况。客人于离店前一天的晚上结账,第二天早晨离店。对于此种情况,应特别注意要收取客人当晚的房费,遇到该种情况的处理方法:

(1)总台收银员把该房当晚的房费计入总账单等。

(2)账单呈交客人过目、结算。

(3)在登记单上注明"账款已结,明晨离店"。这样,总台接待将通知总机等部门,该房客人不可赊账消费。总台收银员也可开立"提前结账客人通知单",发送总机、总台等部门。总台收银员根据自留联通知各营业网点,该房不可再挂账消费。同时也可提醒下一班收银员,次日客人退还钥匙时,应及时在计算机中查询客人是否有新的消费,并在计算机中注明已办退房手续(Check out)。

7. 旅行社结算凭单处理

旅行社结算凭单(Voucher)是指饭店与旅行社之间预先达成的账款支付协议内容的专门凭单。

旅行社结算凭单一般采用每月结账的方式,简称"月结"。客人持旅行社结算凭单住店时,首先到总台审核凭单的有效性(包括客人姓名、消费内容、消费时间及消费价格标准等),然后由地接社工作人员签名确认,总台接待建立账单。建立账单时,应将旅行社承担的消费内容与客人自付费用的消费内容分别建立账单,以便账目清楚,保证结算正确、快速。

8. 团队、会议结账处理

总台在办理团队、会议入住时,应根据团队、会议与饭店的协议,正确地建立客账。

团队结账的个案:某饭店与国旅总社协议规定,五一期间某旅行团的房费由国旅总社支付;早餐由团队领队现金支付;午餐和晚餐则由国旅某分社支付。遇到这种情况,总台收银该如何进行操作呢?

总台收银员应根据不同的情况分别开立账单,并正确入账,以保证团队、会议大量客人退房结账时的准确、迅速。为了严格防止团队、会议走单、跑账的情况发生,可以借助"团体行李记录表"来配合团队结账工作。行李员在团队即将离店、行李即将迁出之时,即到总台收银处询问,该团费用是否都已结清,如已结清,需经收银领班在上表的"账项清付"栏签名后,方可放行该团行李,否则,不予放行。

四、总台结账方式

饭店客人到总台结账,常用的付款方式有:现金、信用卡、支票和转账四种,还有些特殊的账款结算方法,下面将逐一阐述结账步骤。总台收银结账的三大环节包括:了解客人最新的消费情况、采用一次性结账方式结算账户以及根据不同客人的付款方式结清账款。

1. 现金结账

(1)办理结账退房,打印结账退房账单(见图 8.4)。

(2)现金结账的步骤(见图 8.5)。

现金结账是最普遍的结账方式之一,它也是最受饭店欢迎的结账方式,因为客人使用现金结账可以马上为饭店带来流动资金,减少周转资金的预算。现金结

账的客人必须用人民币进行结账,如客人只有外币,应请客人先到银行或酒店的外币兑换处办理外币兑换,再付款结账。有的饭店总台收银员可直接收取外币,换算后以人民币找回给客人。这种做法的最大优点是减少中间环节,方便客人,但会出现错收假币的风险。

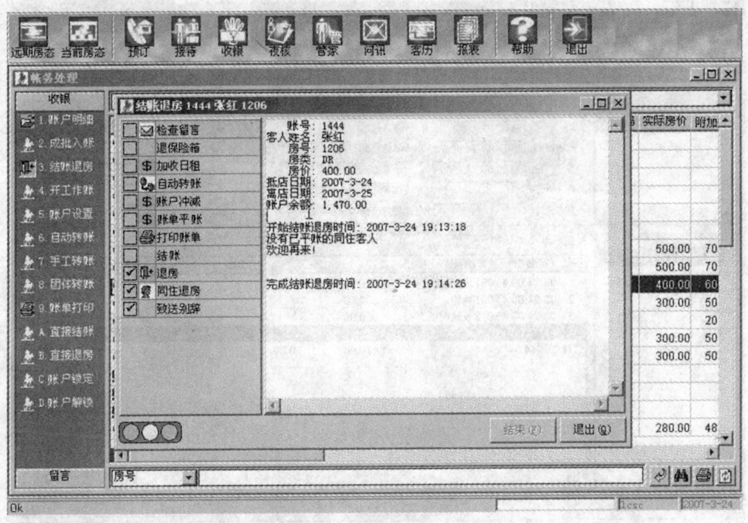

图 8.4　结账退房账单

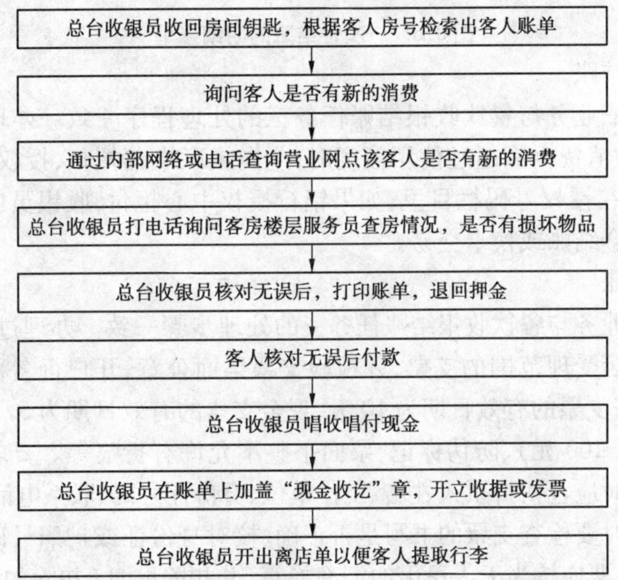

图 8.5　现金结账步骤

一次性结账方式:饭店根据信用政策及客人资信情况的不同,给予客人相应的短期限额在店签字消费权后,由客人签认的消费凭单转至总台并记入客账,待客人离店前或日后一次性付清所欠账款的一种结算方式,客人的明细账单如图8.6所示。

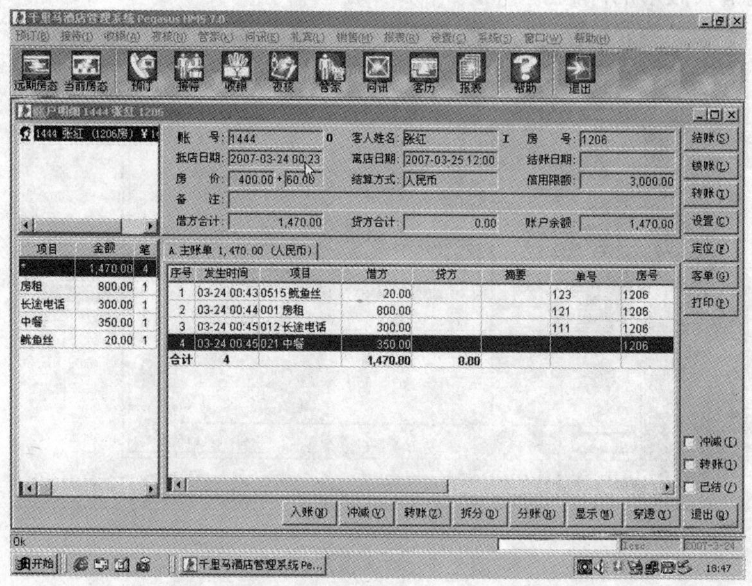

图8.6 一次性结账的明细账单

2.信用卡结账

信用卡结账业务与餐饮收银结账任务三的处理程序一致。办理授权时应注意:当持卡人的消费金额超过信用额度时,应向银联申请授权,授权获得批准后,将授权号码写在授权号码栏目里;如果银行授权中心拒付,收银员应有礼貌地要求客人使用现金结账或换卡交易。

3.支票结账

支票结账业务与餐饮收银结账任务三的处理步骤一致。办理过程应注意:支票是否属于饭店受理范围的支票,并检验支票票面公章、开户行名称、单位账号、有效日期(转账支票的有效日期为10天,现金支票的有效日期为5天)、支票面额(其面额不低于100元)、防伪标记、票面平整不允许有折痕等。要求客人使用黑色签字笔背书时应包括持票人姓名、工作单位、身份证号码、联系电话等内容。

受理支票时要检查支票的书写是否正确、核对身份证或护照号码以及经手人的签名,旅行支票应按当天人民币的汇率换算,并扣除贴息(扣除的贴息不少于1元人民币)。

4. 转账结账

(1)店内转账结账:店内转账结账是指饭店内各部门的公关招待费用由经理签批后划转到相关部门的成本、费用。

(2)店外转账结账:饭店通常只给予信誉好的往来公司、旅行社等单位转账结账的方便。客人在总台收银处只需签认账单,便可办完手续,简化离店手续,方便客人。饭店接受往来公司的客人转账结账,可以保证饭店一定的收入来源,提高客房的出租率。通常,店外转账结账有以下5种情况:

①全部费用由指定的公司支付。

②食宿费全部由公司支付。

③住宿费与三餐费用由公司支付。

④住宿费与某些特定项目费用由公司支付。

⑤住宿费由公司支付。

店外转账结账的步骤,如图8.7所示。

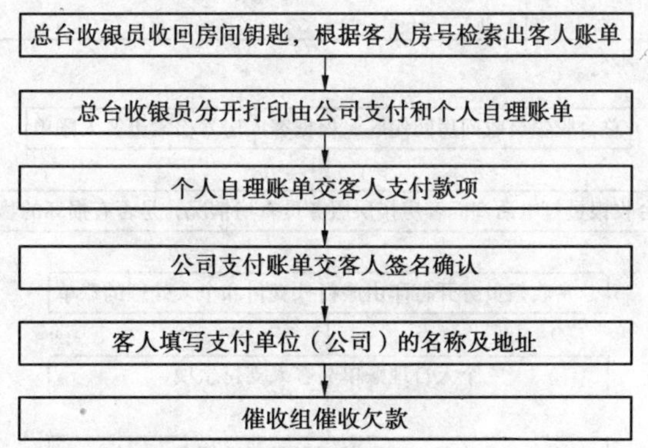

图8.7 店外转账结账的步骤

5. 旅行社结算凭单结账

凭单适用于旅行团、自由行的散客在饭店消费,其部分消费项目由旅行社收取团费后,每月向饭店支付客人的账单,结算凭单的内容和式样见表8.2,旅行社结算凭单结账步骤如图8.8所示。

表8.2 旅行社结算凭单

凭单编号: 年 月 日

饭店名称	
团队名称/旅客姓名	
领队证件号码	
人数	

续表

房间类别			
房间数量			
抵店日期		离店日期	
餐券类别	早/午/晚/夜宵	餐券数量	
付款方式	月结/现金/支票	旅行社代理人确认签名	
旅行社联系人姓名		联系电话	
旅行社确认代理业务	××旅行社 业务专用章		
备　注			

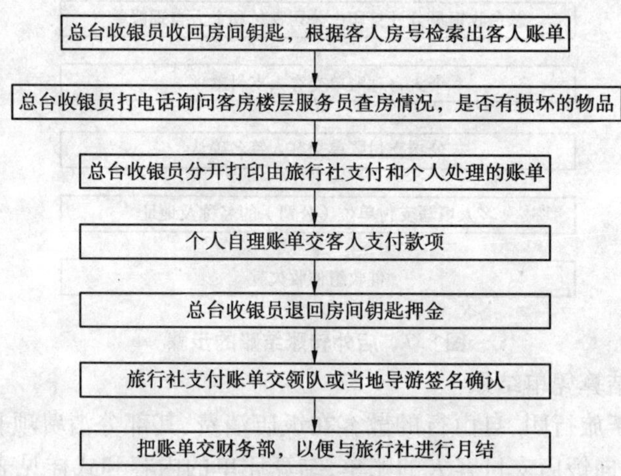

图 8.8　旅行社结算凭单结账步骤

6. 团队、会议的结账

团队、会议结账与散客情况不同，主要是时间短，离店客人较集中，为了保证账款结算准确、及时，饭店一般都要求增加收银人员，以满足工作需要。前厅部每天晚上都应向财务部结账组提供“明日预计离店团队、会议结账一览表”。团队、会议账款结账步骤如图 8.9 所示。

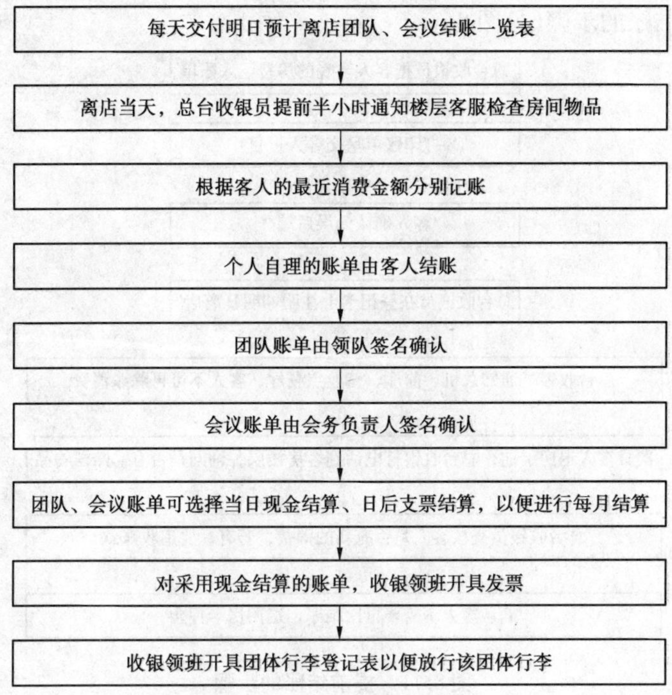

图 8.9 团队、会议账款结账步骤

五、特殊的结账方法

1. 推迟离店时间的结账步骤(见图 8.10)

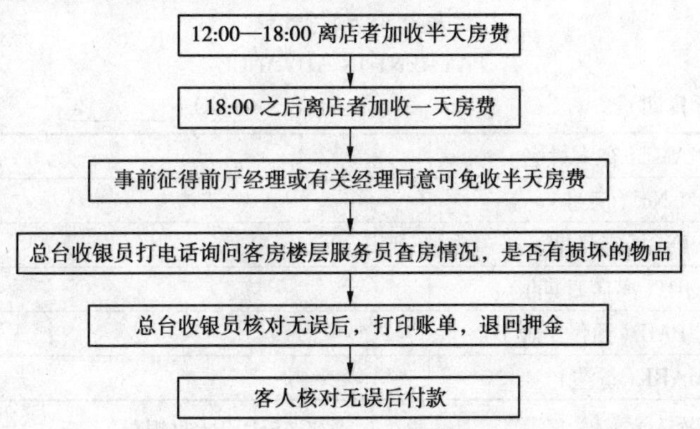

图 8.10 推迟离店的结账步骤

2. 提前结账的步骤(见图 8.11)

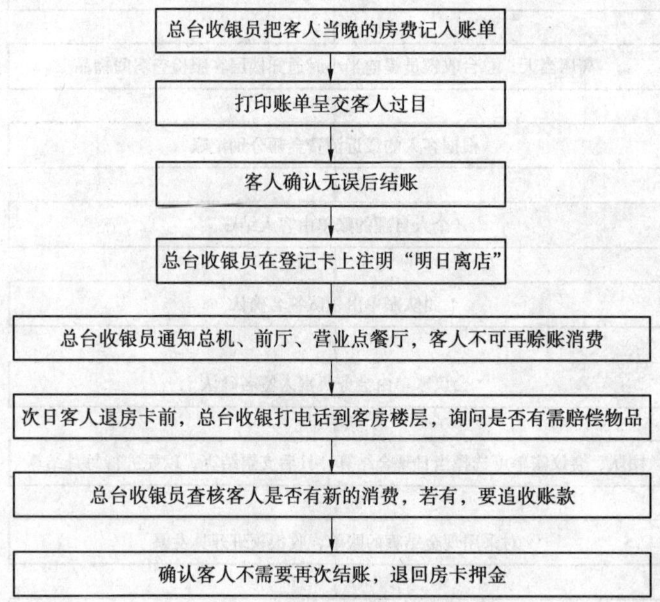

图 8.11　提前结账的步骤

3. 中途付款

中途付款(Interim Payment)有两种情况:一种是指长包房的中途付款;另一种是指住店客人欠款额已超过饭店规定的最高赊账限额时,饭店要求客人中途付款。无论属于何种情况,收银员都应根据收取的金额开立“预付款单”(见表8.3)。若客人还没有退房,总台收银员收到预付款项后,不需要通知客房中心。

表 8.3　预付款单

PAYMENT IN ADVANCE

DATE(日期):　　　　　　　　NO.:________

GUEST NAME(客人姓名)		
ROOM No.(房号)		
DATE IN(抵店日期)		
DATE OUT(离店日期)		
AMOUNT PAID(预付金额)		¥:
REMARK(备注)		

PAYER(付款人):________　　　　CASHIER(收银员):________

4. 客人代付账款

客人与客人之间的转账(见图 8.12),要填写代付款人的姓名、房号,被代付款人的姓名、房号，代付内容及付款方式，并在指定的位置签名确认。

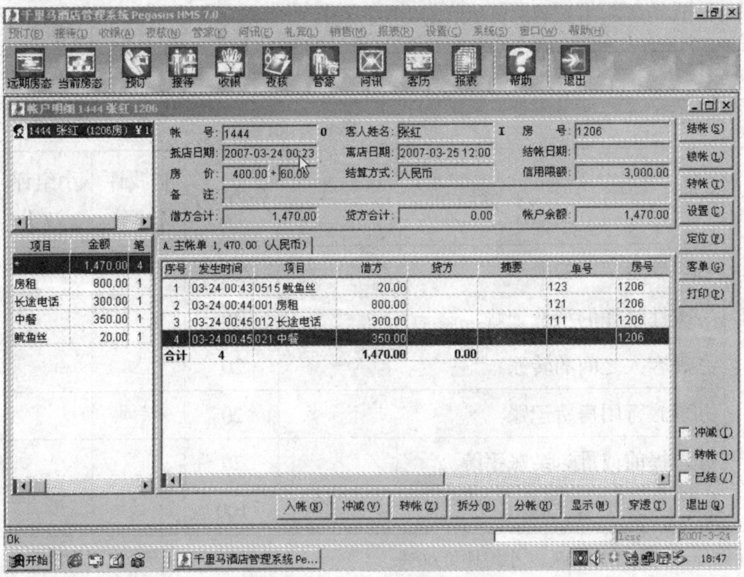

图 8.12　店内转账账目

【任务操作步骤】

1. 总台收银员或总台接待员用自己的密码登录酒店管理系统。

2. 点击欲结账的房号，打电话到楼层，请楼层服务员检查房间，打印一次性结账账单。

3. 根据客人的要求进行现金结账、信用卡结账、旅行团挂账、客人之间的转账、提前结账等收银业务。

【操作注意事项】

1. 总台收银员办理退房结账前，要注意核对房卡、电子钥匙的房号，刷新客人的最新消费信息，以免少收客人的账款。

2. 查验现金或支票的真实性，客人要求刷卡时，要注意取得银行组织的授权。

3. 若客人提出挂账、免收部分房费、转账等业务时，一定要核对相关经理的签名，并记录客人的证件号码、联系电话等资料。

【实践园地】

总台结账的技能评价表(见表 8.4)。

表 8.4　总台结账的技能评价表

被考评人		班别		学号	
考评地点					
考评内容	总台结账				
考评标准	内　容	分值/分	自我评价/分	小组评议/分	实际得分/分
	打印现金结账的账单	20			
	一次性结账的消费记账	20			
	办理客人之间的转账	20			
	办理旅行团房费记账	20			
	办理提前或推迟结账手续	20			
合　计		100			

注:1. 实际得分 = 自我评价 40% + 小组评价 60%。

2. 考评满分为 100 分,60 ~ 74 分为及格;75 ~ 84 分为良好;85 分以上为优秀(包括 85 分)。

【想一想】

1. 怎样最快地看懂酒店管理软件里有关房间状态的标记?

2. 列举现金结账、信用卡结账、支票结账、旅行社挂账签单的结账方式。

3. 当遇到特殊的结账方式:推迟离店、提前结账、中途付款、客人之间的代付房费等结账方式,应该怎样处理呢?

任务二　迷你酒吧记账业务训练

【学习目标】

①准确地进行迷你酒吧的消费记账业务。

②熟悉迷你酒吧的酒水、饮品、零食等消费项目的开单、记账操作流程。

【前置任务】

客人使用客房的迷你酒吧后,楼层服务员怎样开单,并把单据转到总台收银?

【教学条件】

①物品准备:每人一台可连接服务器的计算机,要求安装千里马酒店管理系统。

②学时安排:2 学时。

【相关知识】

房间迷你酒吧(又称"迷你吧""小酒吧")是一项方便客人的服务设施,它提供硬酒、软饮料、果仁以及朱古力等小食品。软饮料放在冰箱内,酒类摆放在房间的酒吧柜里,并且要配备酒杯、纸巾、调酒棒、开瓶器等。

楼层服务员每天根据客人的耗用量填写一式两联的酒水单,通知服务中心或前台记账收款,每晚把营业报表交服务中心统计,第二天由财管班补充回楼层。服务员在客人退房时应立即查房,并做好有关的酒水补充记录,力求把迷你酒吧走单降至3%以下。服务员在领用酒水时,一定要检查酒水的质量,酒水发出后,质量由楼层服务员负责。因人为过失造成走单的,由当班服务员负责赔偿。因服务员工作过失导致酒瓶结冰、爆裂的报损,由服务员负责赔偿。

一、迷你酒吧的管理形式

1. 敞开式管理

敞开式迷你酒吧管理,是指客人入住前,客房服务员配齐各种酒水,客人住店期间,可随意消费。客房服务员每天至少检查两次小酒吧,发现有消费,随时建立账单并转总台,记入该客人总台客账;待客人离店结账时,服务员再检查一次小酒吧,并把消费信息及时、准确地输入计算机终端系统及时传递至总台,确保不出现漏账的情况,这种管理方式较为普遍。

但是这种敞开式的管理也存在一些漏洞,如客人在房间内消费小酒吧的酒水、零食,然后到市面上购买同一品牌的酒水、零食放回原来的位置,虽然是同类商品,但其品质与饭店提供的商品不一定相同,由此会造成一定的损失。

2. 红外线传感管理

随着科技的发展,某些发达国家和地区的饭店,已采用红外线传感管理小酒吧。客人住店期间,只要在小酒吧里取用酒水或移动小酒吧内的饮品,消费信息便马上传到总台,并记入该客人总台客账上。这种管理方式较先进、科学,又可节省大量人力。但该系统价格昂贵,系统尚在逐渐完善过程之中。例如,有时客人出于好奇取酒水看一下,并未实施消费,而该系统却马上会按消费记入客人总账上,引起不必要的纠纷。

二、影响迷你酒吧收入的原因

(1)客人蓄意逃账。

(2)消费信息延误,导致酒吧消费不能及时入账、收回。

(3)客人拒付。拒付有两种情况:①客人确实没有消费,因此拒付;②客人消费了迷你酒吧,但不承认,也不付款。

(4)员工作弊,包括客房服务员作弊和收银员作弊两种情况。

客房服务员作弊,可能是其私自用过迷你酒吧的物品,而谎报客人消费,或将之前住客消费转嫁到后住客账上,企图蒙混过关。

收银员作弊,主要指总台收银员没有按照电话传递的消费信息或客人自报的内容建立账单,或收取了钱款,而不入客人总账,并撕毁迷你酒吧账单,私吞所收钱款。

(5)迷你酒吧自然损耗,主要指迷你酒吧酒水在库房、楼层或房间,由于某环节保管不善而导致损耗,如零食自然过期。

三、迷你酒吧收入管理控制的措施

1. 建立合理、有效的日常查报制度

饭店客房部一般都有每日查补迷你酒吧的工作程序,一天一次或两次。迷你酒吧每日查补工作程序应形成制度化,并在此基础上科学、合理地确定查报时间,尽可能方便结账。例如,饭店可以定在上午 11:00 以前查报一次;下午 6:00 以前查报一次,以适应结账高峰的要求,减少跑账。

2. 完善总台结账查报程序

在饭店管理工作中,总台收银与客房部经常由于结账房间的消费信息、迷你酒吧消费信息等传递问题,引发关于账单账目的争执。此类问题之所以频繁发生,一方面在于员工的全局观念和爱岗敬业素质教育工作有待加强,另一方面在于结账房号的检查报告程序不够完善。如果员工能利用内线直拨电话、计算机网络的终端系统等现代办公设备,提高信息传递效率的同时,又能“方便客人”,有效避免和减少差错率。

3. 加强对客人拒付的处理

客人在总台办理结账时,时常对迷你酒吧消费提出异议,甚至提出拒付要求。作为训练有素的总台收银员,应掌握如何处理客人投诉的基本技能和方法。

当客人提出异议时,收银员可耐心地询问住客是否其访友消费过小酒吧等。若客人否认,则应请大堂经理或前厅经理出面解决。总台收银员不要因几十元酒吧消费与客人发生正面冲突,否则,既影响收银工作的正常进行,也影响整个前厅对客服务的气氛、环境。此外,经理人员出面解决拒付问题,还有两个好处:①可以加强对拒付问题的统一管理;②可以使客人产生受重视的感受,更有利于问题的解决。

4. 建立、完善每日审核制度

饭店每天都要发生成百上千的记账、收银业务,再加上每天随时都有新客人入住、住店客人离店,收银工作量十分繁重。为了保证客账记账、收银工作的准确,减少发生错账、漏账和逃账的几率,必须建立和完善每日审核制度,由两位以上的员工核对账单。

每日夜审要对所有当天发生的迷你酒吧消费逐一审核,并对"超限消费一览表"加以分析,对可能会发生跑、逃账的客人采取适时催收,尽早加以防范。对已经出现的跑、逃账问题,也要进一步审核、统计,并交日间审核或收银经理进一步处理,尽可能催收欠款。一旦出现跑、逃账问题,不可惊慌失措,更不能相互埋怨、推卸责任。各相关部门应通力合作,做好跑、逃账的善后处理工作。

5. 对跑、逃账善后处理的具体做法

(1)应慎重审查跑、逃账的账目,并核实该客人确已离店。

(2)查实客人的付款方式。如是信用卡付款,可再取一份空白的信用卡签购单,在上面填上金额和跑、逃账客人的信用卡卡号,以待日后送银行,请银行或信用卡公司协助收回,并附上客人签名确认的消费账单。如不是信用卡结算,可与客人本人或其业务单位取得联系,进一步催收账款。

(3)对于金额太小的跑、逃账,或无法追回的账款,则应做好记录,或把资料输入到客人的资料库中,待日后客人再次光临时一并收回。

四、总台收银员录入客人消费的迷你酒吧账单的步骤(见图 8.13)

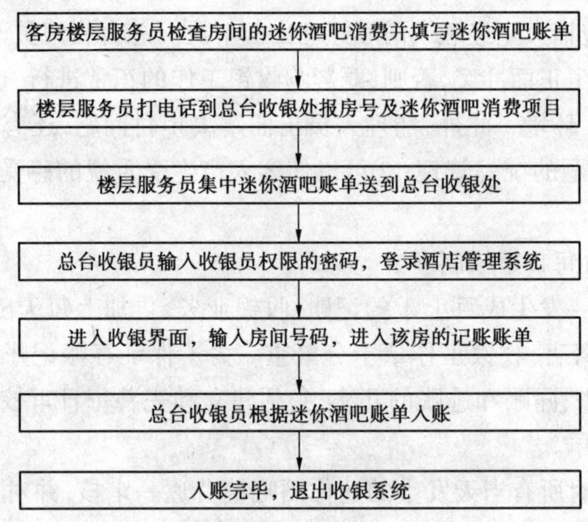

图 8.13　总台收银员录入迷你酒吧账单

五、迷你酒吧账单(见表 8.5)

表 8.5　迷你酒吧账单

MINI-BAR CHARGE VOUCHER

迷你酒吧账单

亲爱的贵宾：

希望您能尽情享用房内迷你酒吧的饮品。

每天,客房部服务员将会核对您所饮用的饮品数量,并把清单送到会计部转入您的账目内。如您需要其他特别饮品服务,请拨内线电话“5”。

为了能准确地计算您的账目,请您在结账离店时,将此单带到总台收银处。

谢谢！

Dear Guest,

Please feel free to enjoy the facility of your mini-bar provided for your convenience.

Your room attendant will collect this voucher daily from your mini-bar and take it additional service please call room service on Ext. 5.

续表

Should you have some drinks on the day of your departure. Please hand in your last voucher to the Front Office Cashier at check out time.

Thank you.

<table>
<tr><td colspan="2">房号
Room No. ______</td><td colspan="3">日期
Date ______</td></tr>
<tr><td>品　名
Items</td><td>点　存
Inventory</td><td>耗　量
Consumed</td><td>单　价
Unit Price</td><td>小　计
Sub Total</td></tr>
<tr><td>毡酒
Gin</td><td></td><td></td><td>18.00</td><td></td></tr>
<tr><td>伏特加
Vodka</td><td></td><td></td><td>18.00</td><td></td></tr>
<tr><td>朗姆酒
Rum</td><td></td><td></td><td>18.00</td><td></td></tr>
<tr><td>威士忌
Whisky</td><td></td><td></td><td>18.00</td><td></td></tr>
<tr><td>干邑白兰地
Cognac</td><td></td><td></td><td>25.00</td><td></td></tr>
<tr><td>薄荷酒
Peppermint</td><td></td><td></td><td>20.00</td><td></td></tr>
<tr><td>进口啤酒
Import Beer</td><td></td><td></td><td>10.00</td><td></td></tr>
<tr><td>国产啤酒
Local Beer</td><td></td><td></td><td>8.00</td><td></td></tr>
<tr><td>可口可乐
Coke</td><td></td><td></td><td>6.50</td><td></td></tr>
<tr><td>雪碧
Sprite</td><td></td><td></td><td>6.50</td><td></td></tr>
<tr><td>新奇士
Sunkist O. J.</td><td></td><td></td><td>8.00</td><td></td></tr>
<tr><td>崂山矿泉水
Laoshan Mineral Water</td><td></td><td></td><td>5.00</td><td></td></tr>
<tr><td>水果汁
Fruit Juice</td><td></td><td></td><td>8.00</td><td></td></tr>
<tr><td colspan="3">合计 Total</td><td colspan="2"></td></tr>
<tr><td colspan="3">10%服务费 10% Service Charge</td><td colspan="2"></td></tr>
<tr><td colspan="3">总计 Grant Total</td><td colspan="2"></td></tr>
</table>

【任务操作步骤】

1. 检查迷你酒吧的消费情况,手工填写迷你酒吧账单。

2. 通知总台客人的消费情况,提交账单。

3. 总台收银员或接待员,登录饭店管理软件。

4. 进入收银界面,选择房号,输入消费信息。

5. 入账完毕,退出登录。

【操作注意事项】

1. 楼层服务员每天要检查住客房的迷你酒吧有无新增消费,特别是客人准备结账离店的客房,更要仔细检查,及时地把客人消费情况反映到总台,并做好入账记录。

2. 入账后,一定要退出登录,以免其他人用你的权限进行胡乱操作。

【实践园地】

迷你酒吧记账的技能评价表(见表 8.6)。

表 8.6　迷你酒吧记账的技能评价表

被考评人		班别		学号	
考评地点					
考评内容	迷你酒吧记账				
考评标准	内　容	分值/分	自我评价/分	小组评议/分	实际得分/分
	检查迷你酒吧的消费情况	20			
	记录房号及其迷你酒吧的消费	20			
	总台收银员登录酒店管理系统的收银界面	20			
	打开房间的记账账单	20			
	录入迷你酒吧的消费	20			
合　计		100			

注:1. 实际得分 = 自我评价 40% + 小组评价 60%。

2. 考评满分为 100 分,60 ~ 74 分为及格;75 ~ 84 分为良好;85 分以上为优秀(包括 85 分)。

【想一想】

1. 酒店迷你酒吧有哪些管理形式和管理控制措施呢?

2. 怎样有效地防止逃账呢?假如出现跑账应如何善后呢?

任务三 其他收银技巧

【学习目标】

①熟悉洗衣部、美容美发中心、康乐部所提供的服务项目和收费金额。

②了解国内、国际长途不同地区、不同时段的收费标准。

③掌握汽车出租的手续、收费、商场的收银业务等。

【教学条件】

①资料准备:每人备有一套饭店其他收银业务所涉及的账单,能根据业务需要填写账单后,把账单资料输入酒店管理系统。

②物品准备:每人一台可连接服务器的计算机,要求安装千里马酒店管理系统。

③学时安排:6 学时。

【相关知识】

一、洗衣部工作简介

1. 洗衣部员工的基本要求

(1)责任心强,反应敏捷,敬业乐业。

(2)熟悉干洗机的工作原理和使用技术、干洗溶剂与各种去污性能。

(3)掌握纺织物的性能和鉴别技术。

(4)能识别各种洗涤标志和英文洗涤说明。

2. 洗衣部的日常工作

(1)做好每天洗衣营业统计报告,并计算洗衣单账目。

(2)汇总各生产组别每天的生产记录,月末作统计,并做好各种分析表。

(3)填写好的当天未完成洗衣记录应于下班前送交客房部。

(4)下班前,把当天已洗好未能送回客房的衣服送至客房部;每天上班时,到客房部领回那些前一天未能及时送回给客人的衣物。

(5)经检查发现有破损污迹或者洗衣设备无法清洗的污秽物,应把衣服退还客人,并给客人一封信,说明不能洗涤的原因,请其谅解,同时,要在洗衣单上减去该衣物的洗涤费。另外,如果遇到洗衣客人更换房间,要立即登记,并通知收发员。

3.店外客衣的洗涤工作

(1)接收客人要洗的衣服(简称"客衣")时,请客人在洗衣单上填写姓名、电话、加快服务要求等内容,收发员当面清点衣物及口袋,发现客衣有破损或有不能清除的污渍,应向客人婉转地解释,客人同意后,方可送洗衣房洗涤并在洗衣单上写明客人对洗衣的特殊要求。

(2)按客人洗衣件数和洗衣价格计算洗衣费用,写清楚取衣时间并请客人在洗衣单上签名。洗衣单有三联,第一联随客衣交给洗衣房,按要求洗衣;第二联入营业报表后送交财务部;第三联交给客人作为取衣凭证。

(3)客人取衣时应出示洗衣单,请客人验收后再在洗衣单上注明客人取走衣服的时间。

二、康乐部的工作简介

1.健身中心服务

星级饭店提供健身中心服务的目的是:住客通过进行健身活动,达到减肥、身体健美、消除疲劳的目的。

健身房门口写明客人须知、营业时间、价目表等。门面设计美观、大方,并要求有中英文对照。室内健身器材布局合理、摆放整齐。录像机、电视机、钟表设置合理,便于客人观看使用。健身房内照明充足,设备位置适当,有足够数量的常绿植物。整个环境质量达到美观、整洁、舒适,布局合理,空气清新,让客人运动之余感到舒心。

2.游泳池服务

饭店游泳池免费提供给本饭店的住客进行运动,一般不对外开放。客人进入游泳池一般凭房间钥匙或饭店房卡,服务员带领客人到更衣室更衣;客人来到游泳池,要准确记录客房号、到达时间、更衣柜号码;提醒客人保管好贵重物品;更衣柜钥匙由客人保管。

3.台球服务

请客人出示会员卡或房间钥匙并在登记本上签字。向有预订的客人介绍台球场设施、租金、收费标准以及为客人提供的服务。对无预订的客人,如果场地已满,应礼貌地告知客人打台球需要提前预约,以免与其他客人在时间上发生冲突。掌握客人的结算方式,并在台球登记本上记清开始和结束时间,然后由服务员带领客人去台球场。

到结束时间,服务员应礼貌地征求客人意见,是否需延长使用场地的时间,如客人结束租用,最后检查有无遗失物品,客人是否归还租用球杆和球等。台球服务结束,请客人采用现金、信用卡或签单记账付款方式结账。

4. 网球服务

每天营业前,网球场服务员要先整理好网球场、休息区、更衣室、淋浴室和卫生间的卫生。客人前来打网球时,首先要向客人介绍球场的设施、开放时间、收费标准和提供的酒水饮品等。然后开卡,登记客人的房号、姓名、运动时间、客人所点的饮品等项目,为客人提供更衣柜、毛巾,请客人保管好衣柜钥匙和贵重物品。应客人的需要,帮助记分、提供专职陪练或教练,以提高网球服务的水平。

5. 卡拉 OK 歌舞厅服务

营业前要仔细检查卡拉 OK 歌舞厅的楼面准备工作,如电源开关、空调开关、音响、灯光是否正常运作,检查台上的酒水饮料牌、台号牌、点歌单、笔、蜡烛等物品,统一方向放置在台面,做好安全场地出租工作。

营业时间客人离场后,清场查看有无遗留物品,如发现应及时记录处理;检查歌舞厅的设施设备有无损坏或遗失;将使用过的餐具、酒器皿送入管事部清洗,搞好歌舞厅的环境卫生;注意做好防火、防盗安全工作;关灯、关空调、锁门后才可下班。

三、商场营业员工作简介

(1)商场营业员要热情待客、礼貌服务,主动介绍商品,做到面带笑容、有问必答。

(2)没有客人时要整理商品,使其整洁美观,自觉搞好柜台内、外的环境卫生和商品卫生。

(3)不准在柜台内会客、办私事、聊天、说笑、打闹、吸烟、吃东西、看书、睡觉、聊天等。

(4)不准把私人的包、钱带进柜台。

(5)交接班时做到:交接清楚、货款相符、签名负责。

(6)下班时,关断一切电源,锁好保险柜和门窗,做好防火、防盗工作。

四、美容服务中心的工作简介

美容服务中心的服务项目很多，如化妆、修面、修甲、面部和头部按摩、消除雀斑、去除黑眼圈、去除暗疮、理发、烫发染发和按摩等。服务员要懂得理发、烫发及染发等操作以及化学、卫生及皮肤保护、须发保护等方面的知识；懂得各种器械、工具的简单使用、构造、性能、维修及保养等方法和知识。美容服务的项目较多，客人的习惯和要求又各不相同，为满足客人的需要，更周到地为客人服务，美容中心的美容师、美发师要做到"一看，二问，三操作"。

五、汽车租赁的工作简介

许多饭店均设有专门的车队，提供汽车租赁服务。车队的收入主要有市内汽车出租收入、长途包车收入、停车收费收入。汽车租赁明码实价，加强汽车租赁记账、签单的管理，记录客人租车的消费内容、金额，查验客人的房卡并确认签名，迅速传递客人的租车信息到总台收银，避免走单、跑账的现象发生。

每天编制出租汽车的营业报表（见表8.7）并平衡报表，收银员填写汽车租赁收入明细表连同收入和记账单交财务部总出纳。

表8.7　汽车租赁收入明细表

年　　月　　日

账单号码	收入来源			合　计	收入方式			合　计
	出　租	包　车	停　车		现　金	支　票	总台记账	
合计								

夜间稽核：　　　　　　　　　　　　制表人：

六、长途电话和市内电话收费计价

客人住店可选择开通房间电话的市内电话、长途电话或者只开通内线电话。长途电话分为国内长途和国际长途，客人通电话的时间乘以长途电话每分钟的资费，就是客人的通话费用。国际长途收费可选择发话方付费，也可选择对方付费，具体的收费账单见表8.8。

表8.8 长途电话账单

Recording-Charge of Long Distance Call

日　期 Date		预约通话时间 Prescribed Time	
发话人房号 Caller's Room		发话人姓名 Caller's Name	
受话地点 Destination			
受话人住址或电话号码 Receiver's Address. Or TEL. No.			
受话人姓名 Receiver's Name			
信用卡号码 The Number of Credit Card			
加急 Urgent Call		普通 Ordinary Call	
对方付款 Collect Call		自付 Paid Call	
通话时间 Calling Time		通话分钟数 Minutes	
话务员 Operator		话费 TEL-Payment	
收银员 Cashier		服务费 Service Charge	
审核人 Checked by		合计 Total	

【任务操作步骤】

一、登记洗衣服务的训练步骤

1. 当着客人,清点需要清洗的衣服数量。

2. 询问客人洗衣要求,并填写洗衣单。

3. 请客人签字确认。

4. 登录酒店管理系统,输入客人消费项目及金额。

5. 退出系统。

二、登记长途电话话费的训练步骤

1. 根据客人的长途电话记录,填写国际长途、国内长途电话账单。

2. 登录酒店管理系统,输入客人长途电话消费金额。之后,退出系统。

【操作注意事项】

训练时要注意使用礼貌用语,当客人使用完毕后,应及时请客人签单记账或使用现金、信用卡结账。

【实践园地】

其他收银业务的技能评价表,见表 8.9。

表 8.9　其他收银业务的技能评价表

被考评人		班别		学号	
考评地点					
考评内容	其他收银业务				
考评标准	内　容	分值/分	自我评价/分	小组评议/分	实际得分/分
	填写洗衣单	30			
	填写美容中心的记账单	30			
	填写长途电话单	40			
合　计		100			

注:1. 实际得分 = 自我评价 40% + 小组评价 60%。

2. 考评满分为 100 分,60 ~ 74 分为及格;75 ~ 84 分为良好;85 分以上为优秀(包括 85 分)。

【想一想】

如何填写洗衣单和长途电话账单呢?

附录

收银专业英语50句

1. Good morning, sir. What can I do for you?
早上好,先生。我能为您做些什么?

2. Good afternoon, madam. May I help you?
下午好,女士。有什么需要帮忙的?

3. You'd better ask the assistant manager.
您最好找大堂值班经理。

4. May I have you room number, sir?
先生,请问您的房号是多少?

5. I'm sorry to have kept you waiting.
很抱歉,让您久等了。

6. Do you want to pay by credit card, madam?
夫人,您是用信用卡付款吗?

7. This is your receipt, please keep well.
这是您的发票,请收好。

8. May I imprint your credit card?
我可以压印您的信用卡吗?

9. We accept following cards. For example, American Express, Master, Visa, and Grand Wall card, etc.
我们接受以下信用卡,如美国运通卡、万事达卡、维萨卡和长城卡等。

10. This is your mini-bar charge.
这是您的迷你酒吧费用。

11. I'm afraid, miss. For express service, we double charge.
很抱歉,小姐。快洗服务是双倍收费的。

12. For room rate is RMB 600.00 per day, plus 15% service charge.
房价是600元人民币每天,外加15%的服务费。

13. Our check-out time is 12:00 noon.

我们的结账时间是中午 12 点。

14. May I have a look at your hotel passport, sir?

先生,我可以看一看您的房卡吗?

15. Please show your passport or ID card.

请出示您的护照或身份证。

16. Would you please sign your name and room number on the bill?

请您在账单上签名和写房间号码,好吗?

17. Let me count. It's RMB 2,800.00.

让我来计算一下,这是 2 800 元人民币。

18. For room service, the service charge is 30%.

客房的送餐服务加收 30% 的服务费。

19. Would you please fill in a copy of Guarantee Payment?

请您填写一份"付款承诺书"好吗?

20. Would you please pay this with another method?

您能用另一种方式付款吗?

21. The floor limit of the credit card is RMB 3,000.00. Would you please pay extra RMB 500.00 by cash?

该信用卡的限额是 3 000 元,您能否另付 500 元现金呢?

22. I'll call the assistant manager for you.

我马上为您找大堂副理。

23. This is our mistake, I'll correct it for you at once.

这是我们的错,我会马上给您更正的。

24. For cash, US 100.00 equals to RMB 628.00.

100 美元的现金可兑换 628.00 元人民币。

25. For traveller's cheque, US 100.00 equals to RMB 618.00.

100 美元的旅行支票可兑换成 618.00 元的人民币。

26. Would you please sign here?

请您在这签名,好吗?

27. This is your money. Total is RMB 8,500.00. Please check.

这是您的钱,总共 8 500 元人民币,请点数。

28. Please keep well your exchange memo. You can change back US $ with it when you leave China.

请您收好兑换水单,当您离开中国时,凭单可换回美金。

29. Would you please sign on the traveller's cheque?

请您在旅行支票上签名,好吗?

30. Glad to be of your service.
很高兴为您服务。

31. By the way, did you sign in the restaurant this morning?
随便问一下,今天早上,您在餐厅签单了吗?

32. Did you drink anything from the mini-bar last night or this morning?
昨天晚上和今天早上,您有没有用过迷你酒吧呢?

33. These are for your laundry and taxi.
这是洗衣费和出租汽车费。

34. A deluxe suite costs RMB 1,800.00 per night.
豪华套房每晚 1 800 元人民币。

35. Health center and swimming pool are free for in-house guests.
健身中心和游泳池是免费对住客开放的。

36. Please print your name on it.
请用正楷签名。

37. Would you please repeat your room number?
请您重复一遍您的房间号码,好吗?

38. There is no charge for in-house calls.
内线电话是免费的。

39. A baby cot is free of charge.
婴儿加床是免费的。

40. This is free of charge.
这是免费的。

41. Hope to see you again.
希望再次光临。

42. Have a nice trip.
祝您旅途愉快。

43. Hope you enjoy yourself.
希望您满意。

44. Have a good weekend.
周末愉快。

45. Do you want to make a reservation now?
您想预订吗?

46. These are your meal coupons for breakfast.

这是早餐的优惠券。

47. I beg your pardon, sir.

请重复一遍。

48. This is our hotel policy.

这是酒店的店规。

49. This is free appetizer for you.

这是免费的开胃品。

50. Would you like separate bills or just one bill?

你们想分开账单,还是一起付款呢?

参考文献

[1] 姜玲.收银员工作手册[M].广州:广东经济出版社,2007.
[2] 陈险峰.收银实务[M].北京:中国财政经济出版社,2006.
[3] 罗捷斯,游梦良.餐饮信息化系统管理培训教材[M].汕头:汕头大学出版社,2006.
[4] 张雪芬.收银员基础知识[M].北京:中国劳动社会保障出版社,2006.
[5] 于家臻.收银实务[M].北京:高等教育出版社,2005.
[6] 艾哈迈德·伊兹密尔.现代饭店前厅的营运与管理[M].刘峥,等,译.北京:高等教育出版社,2005.
[7] 广东省会计从业资格考试辅导教材编委会.财经法规与会计职业道德[M].北京:中国财政经济出版社,2005.
[8] 付艳.收银员从业规范[M].北京:中国经济出版社,2004.
[9] 龚韵笙.饭店财务部的运行与管理[M].北京:旅游教育出版社,2003.
[10] 文博.酒店标准管理大全[M].北京:光明日报出版社,2003.
[11] 朱思敏.万事由来小百科[M].上海:学林出版社,2003.
[12] 郑沈芳.商业银行业务[M].上海:上海财经大学出版社,2002.
[13] 戴春华.超市标准化营运管理——前台与收货管理[M].广东:南方日报出版社,2002.
[14] 邓晓珊.收银审核[M].北京:旅游教育出版社,2001.
[15] 国家旅游局人事劳动教育司编.饭店收银技术[M].北京:旅游教育出版社,1999.
[16] 驱动之家网站 http://news.mydrivers.com/1/162/162220.htm.
[17] 博宝艺术网站 http://news.artxun.com/yinyuanpiao-1281-6400411.shtml.
[18] 黄丹.旅游行业收银技能实训[M].北京:机械工业出版社,2008.
[19] 姜红,罗捷斯.餐饮信息化操作实训[M].上海:复旦大学出版社,2008.
[20] 姜红,罗捷斯.客房信息化操作实训[M].上海:复旦大学出版社,2008.